D1751469

Mörbisch

Die Seefestspiele Mörbisch werden unterstützt von:

Impressum:
ISBN: 978-3-901761-62-1
© 2007 echomedia verlag ges.m.b.H., 1070 Wien, Schottenfeldgasse 24
Alle Rechte vorbehalten

Produktion: Ilse Helmreich
Layout: Elisabeth Waidhofer
Redaktion: Eva Deissen, Dietmar Posteiner
Lektorat: Gerlinde Hinterhölzl, Roswitha Horak
Fotoredaktion: Birgit Maurer
Repro: mPg medienProduktionsgesmbH
Druck: Gutenberg

Mörbisch

Ein Festival schreibt Operettengeschichte

echomedia

Inhalt

- *6*   Blick zurück in Liebe: Wie alles begann …
- *13*   Statement: Landeshauptmann Hans Niessl
- *14*   Mit Herz und Blut
- *22*   Ein Leben voll Liebe und Lust
- *28*   So wurde Mörbisch zum »Mekka der Operette«
- *43*   Statement: LR Helmut Bieler, Präsident der Seefestspiele
- *44*   Promis als Stammgäste
- *62*   Im Wandel der Zeiten
- *63*   Statement: LH-Stv. Mag. Franz Steindl, Vizepräsident der Seefestspiele
- *64*   Blick hinter die Kulissen
- *90*   Bilder in der Seelandschaft
- *130*   Chronik: 50 Jahre im Überblick
- *190*   Investitionen 1993–2007
- *192*   Bildnachweis

Blick zurück in Liebe: Wie alles begann …

IN MÖRBISCH LEBEN ZWEI BEZAUBERNDE DAMEN, FÜR DIE DER ORT AM NEUSIEDLER SEE ZUR HEIMAT GEWORDEN IST: GISELA BOSSERT-ALSEN UND MARINA ALSEN, WITWE UND TOCHTER DES OPERNSÄNGERS HERBERT ALSEN, DER DIE SEEFESTSPIELE VON MÖRBISCH 1957 INS LEBEN GERUFEN UND SIE BIS ZU SEINEM TOD 1978 GELEITET HAT.

Beide Damen erinnern sich gerne an den nahezu vergötterten Ehemann und Vater, und beide erzählen gerne über die beinahe unglaublichen Anfänge der Seefestspiele. Also geben wir ihnen das Wort!

„Mein Mann und ich sind 1955 zum ersten Mal eher durch einen Zufall nach Mörbisch gekommen", erzählt Gisela Bossert-Alsen. „Unser Stammhotel an der Nordsee wurde nach einem Todesfall geschlossen, also konnten wir unseren traditionellen Urlaub, das Meeresklima dort hat der Stimme meines Mannes immer gut getan, nicht belegen. So suchten wir eine Sommerfrische in der Nähe von Wien. Durch eine kleine Zeitungsnotiz und aus dem Radio haben wir erfahren, dass in Mörbisch am Neusiedler See ein neues Seebad gebaut wird. ‚Dort muss ich hin!', hat mein Mann gesagt.

Wir waren die ersten Sommerfrischler im Ort! Mörbisch war zu dieser Zeit noch ein ganz, ganz entlegenes Weinbauerndorf – hinter Mörbisch kam nur noch der riesige Neusiedler See, und dahinter, jenseits des Horizonts schon, war nur noch die damals tote Grenze zu Ungarn, der Eiserne Vorhang. Man fühlte sich wirklich am Ende der Welt … Es war alles so ruhig, so naturbelassen. Der See und die Landschaft haben mir ein Gefühl von Heimat gegeben. Wir hatten zwischendurch einmal einen Urlaub im Salzkammergut gemacht, es regnete ununterbrochen, und mich bedrückte dieses beengende Gefühl der hohen Berge rundum … ‚Ab sofort bleiben wir den ganzen Sommer in Mörbisch!', entschied mein Mann.

Im ganzen Ort gab es damals nur zwei WCs, zwei Autos, ganz wenige Traktoren. Die meisten Bauern

Der erste Intendant in Mörbisch war Kammersänger Professor Herbert Alsen (o.): Sein Enthusiasmus machte die ersten Operettenaufführungen auf der eigens erbauten Seebühne möglich, Frau und Tochter unterstützten ihn nach Kräften

»Es war alles so ruhig, so naturbelassen.
Der See und die Landschaft haben mir ein Gefühl von Heimat gegeben.«

(Gisela Alsen 2007)

»Er wanderte hinaus auf den zugefrorenen Neusiedler See und hat mit seiner mächtigen Stimme die Akustik ausprobiert. Er schmetterte seine Wotan-Arien aus Wagners ›Götterdämmerung‹ …«

fuhren noch mit ihren Ochsen- und Pferdegespannen. Die Straße war – von Asphalt ganz zu schweigen – nicht einmal gepflastert, es war eine sogenannte Sandstraße. Kurz: Mörbisch war verträumt und romantisch wie ein richtiges ungarisches Dorf.

Nach einigen Schwierigkeiten haben wir so etwas wie eine Sommerwohnung mit dem einen der zwei WCs des Ortes gefunden. Es hat uns so gut gefallen, dass wir im darauf folgenden Jahr, 1956, schon volle acht Wochen Urlaub hier genossen haben.

Nach Marinas Geburt 1942 war es dann so, dass ich mit dem Kind immer in Mörbisch geblieben bin, wenn mein Mann in Berlin oder in Salzburg zu tun hatte. So verlagerte sich unser Lebensmittelpunkt immer mehr nach Mörbisch, in Wien sagten sie, das wäre verrückt. Der damalige Minister Proksch hat zu meinem Mann gesagt, diese Gemeinde ist im Aufbau, können Sie für die nicht etwas machen?

Auch die Mörbischer waren mittlerweile draufgekommen, dass mein Mann ein berühmter Sänger an der Wiener Staatsoper war, und so ist man an ihn herangetreten, eine Art Sommerfest zu inszenieren. Man wollte ‚irgendwas in Richtung Oper oder auch Operette' auf einer Bühne veranstalten. Der Mörbischer Baumeister Michael Schneider, der auch die Dammstraße hinaus zum See gebaut hat, setzte meinem Mann diesen Floh ins Ohr: ‚Wir könnten doch draußen am See Theater spielen.' Und je mehr mein Mann darüber nachdachte, desto besser gefiel ihm diese Idee, hier Oper, Operette und Ballett aufzuführen.

Da er zuvor aber weder Theaterdirektor noch Intendant gewesen war, hat er natürlich nicht bedacht, dass das Ganze irrsinnig viel Geld kostet, das auch wieder hereinkommen muss. Also hat er ein bisschen zurückgeschraubt und alles auf die Operette gesetzt. Operette hat ihm gefallen; da er in der Oper immer nur mit Ernsthaftem beschäftigt war, haben ihn diese leichten Melodien erfreut.

Noch im Winter 1956 ist er hinausgewandert auf den zugefrorenen See und hat mit seiner mächtigen Stimme die Akustik ausprobiert. Er schmetterte seine

Blick zurück in Liebe: Wie alles begann …

Erfolgreiches Festivalpaar: Herbert (o.) und Gisela Alsen (r.)

Wotan-Arien aus Richard Wagners ‚Götterdämmerung', und man konnte seine ‚Hagen! Hagen!'-Rufe kilometerweit hören, als er herausfinden wollte, wo der beste Platz für die Bühne sein könnte.

Um das Projekt auch den Politikern und potenziellen Geldgebern zu verdeutlichen, brauchte er Unterlagen. Also musste ich, gelernte Kostümbildnerin, zum ersten und zum letzten Mal in meinem Leben ein Bühnenbild entwerfen. Fragen Sie mich nicht, wie das ausgesehen hat, aber für unsere Zwecke hat es gereicht, und wir waren einen Schritt weiter, und am 6. Juli 1957 hatte der ‚Zigeunerbaron' auf der Seebühne Premiere.

Es war mühselig, und vor allem mit dem lieben Geld war das immer so eine Sache. Vieles mussten wir vorfinanzieren. Wir mussten ja den Sängern nach der Vorstellung die Gage bezahlen, und ich erinnere mich, es war öfter der Fall, dass ich am Tag nach der Vorstellung ohne Geld dastand – unsere Tochter Marina hat mir ihr Taschengeld geborgt, um Lebens-

Nur ein Beispiel für die Anerkennung Herbert Alsens: persönliche Widmung von Kammersänger Rudolf Schock

mittel einkaufen zu können. Ach ja, und einmal wurden wir angezeigt, ob die Abrechnung stimmt – aber wir hatten ja gar kein Geld, was sollten wir da unterschlagen! Ich habe in den ersten Jahren alles gemacht, dabei war ich so verwöhnt gewesen! Plötzlich musste ich die Bühne zusammenkehren, die Garderoben aufräumen und die Kostüme schleppen.

Meinen Mann als Opernsänger faszinierte natürlich vor allem der ‚Zigeunerbaron', weil diese Operette von Johann Strauß eigentlich eine komische Oper ist. Auch vom ungarischen Schauplatz her passte der ‚Zigeunerbaron' nach Mörbisch wie kaum ein anderes Stück. So wurde also beschlossen, die Seespiele mit dieser Operette aus der Taufe zu heben.

Das größte Problem war zunächst, den einmal gefundenen Platz für unsere Zwecke zu adaptieren. Für die Bühne mussten unzählige Holzpfähle in den Seegrund getrieben werden, und der Platz, auf dem später die Tribüne stehen sollte, musste erst mit Schotter aufgeschüttet werden. Man kann heute sagen, der Spielort in Mörbisch ist dem Neusiedler See richtiggehend abgerungen worden.

Durch einen Zufall konnten wir eine passende, 1.500 Plätze umfassende Holztribüne, die in Schönbrunn verwendet wurde, von der Stadt Wien mieten. Aber eigentlich saßen die Zuschauer mitten im Schilf. Wenn man sich vorstellt, dass der Startschuss im März fiel, wir aber schon im Juni spielen sollten und wollten, kann man sich vielleicht einigermaßen ausmalen, was da alles auf uns zukam.

Von den vielen technischen Hürden abgesehen, gab es vor allem künstlerische Probleme: Da kein richtiger Chor zur Verfügung stand, brachte mein

Blick zurück in Liebe: Wie alles begann …

Mann das Kunststück zuwege, sowohl den evangelischen als auch den katholischen Kirchenchor von Mörbisch zu einem Gesangskörper zusammenzuschweißen. Unser Dirigent, Karl Winkler, ist zweimal pro Woche aus Wien angereist, um mit den Mörbischern die Partitur einzustudieren.

Ich werde nie vergessen, wie romantisch es war, wenn man Wochen vor der Premiere überall aus den Weingärten die fröhlichen Klänge aus dem ‚Zigeunerbaron' hörte, denn die Mörbischer mussten ja nebenbei ihre Arbeit erledigen, und so sangen sie statt ihrer alten Volkslieder halt den ‚Zigeunerbaron' … Es zählt sicher zu meinen schönsten und eindrucksvollsten Erinnerungen, mit welcher Begeisterung ein ganzes Dorf mit dabei war, ‚seine' Festspiele möglich zu machen.

Das Orchester wurde aus Mitgliedern des Volksopernorchesters und aus Musikern des Rundfunks zusammengestoppelt. Die Solisten kamen vielfach nur einzig meinem Mann zuliebe nach Mörbisch. Denn verdient hat keiner von ihnen was dabei. Nur Kost und Logis wurden bezahlt. Doch der Enthusiasmus meines Mannes steckte einfach alle an.

Es war ein wunderbares Bild, wenn man an den Aufführungstagen den 80 Personen starken Chor aus allen Teilen des Dorfes zur Seebühne hin streben sah. Die Leute kamen alle schon fix und fertig kostümiert aus ihren Häusern zur Seebühne, denn den Luxus von Garderoben konnten wir uns natürlich noch nicht leisten. Also kamen Leute in Hofkleidung, Ungarn und Zigeuner belebten mit ihren bunten Kostümen die Gassen von Mörbisch. Trotz aller Schwierigkeiten gab es 1957 einen überaus erfolgreichen ‚Zigeunerbaron'. Man könnte fast sagen, diese Operette ist dann im Laufe der Jahre so etwas wie ein ‚Mörbischer Jedermann' geworden.

Mein Mann war ein faszinierender Mensch, ein Kavalier der alten Schule, wie es das heute gar nicht mehr gibt. Er hatte eine mächtige Stimme, mein Gott, er war so beeindruckend! Natürlich war er auch schwierig. Wir haben nächtelang diskutiert, aber auch gelacht, und es war schön, mit ihm zu leben, deshalb ist auch keiner nach ihm gekommen."

Giselas Tochter Marina Alsen erinnert sich gern an ihre Kindheit, die sie als paradiesisch empfunden hat. Auch sie war von Anfang an auf der Bühne mit dabei. Sie putzte die Garderoben und die Bänke, und sie spielte Laternenbuben, Lausbuben und vieles mehr: „Ich bin heute noch fasziniert von dem Leben hinter der Bühne. Da riecht es nach Schminke, die Tänzer machen die Knochen weich, die Sängerinnen singen sich ein … Jede Woche während der Festspielzeit

»Wir haben begierig jeden Wetterbericht gehört. Ich habe den Schmerz von jedem einzelnen Besucher auf mich genommen, wenn wir sie wetterbedingt ohne Aufführung heimschicken mussten.«

war in unserem Haus ab Mittwoch Krise angesagt. Wir haben begierig jeden Wetterbericht gehört. Ich war schon richtig gestört, habe den Schmerz von jedem einzelnen Besucher auf mich genommen und mit ihnen gelitten, wenn wir sie wetterbedingt ohne Aufführung heimschicken mussten …

Mein Gott, was waren hier nur all für Leute unterwegs! Die Grete Zimmer spielte 1978 in der ‚Zirkusprinzessin', sie und der Hugo Gottschlich waren ein geniales Paar in der ‚Gräfin Mariza', sie waren so witzig und so g'scheit … Wir haben immer tolle Komiker gehabt, auch Else Rambausek und Rudolf Carl waren so köstlich in der ‚Gräfin Mariza', ich kann noch immer über die beiden lachen, als ob ich sie erst gestern erlebt hätte, dabei war es 1959."

Ein beeindruckendes Erlebnis für Marina Alsen war das Engagement von Publikumsliebling Heinz Conrads 1971 in der „Csárdásfürstin": „Er hat die Massen zum Toben gebracht wie kein anderer. Mein Vater und er waren in Sopron mit dem Auto unterwegs, und mein Vater fühlte sich wie der Chauffeur eines Prinzen, er saß am Steuer, und der Heinzi hat den Leuten vom Auto aus zugewunken, und die sind alle hinterhergelaufen. Ja, und vor einer Vorstellung sind plötzlich alle im Publikum aufgestanden und haben geklatscht. Ich dachte, na, wer kommt wohl, der Bundeskanzler oder wer … aber nein, es war der Heinz Conrads!"

Die jungen Mädeln wiederum waren alle ganz außer Rand und Band, als Vico Torriani 1972 in „Eine Nacht in Venedig" mitspielte, erinnert sich Gisela Alsen: „Vico Torriani musste regelrecht vor den, heute würde man sagen: Groupies geschützt werden. Alle Mädchen wollten ihn verführen. Er hatte ein Haus in Rust gemietet, und bevor er hineingehen konnte, musste sein Assistent schauen, ob die Luft rein war und sich nicht doch irgendein Mädchen eingeschlichen hatte. Der war ein Frauenschwarm!"

Dass beide Sänger, die als Inbegriff des Danilo aus der „Lustigen Witwe" gelten, Johannes Heesters und Harald Serafin, nicht als Danilo auf der Seebühne in Mörbisch zu sehen waren, bedauern Gisela und Marina Alsen zwar, doch es sei „schon ein Glück" gewesen, „dass Harald Serafin 1969 im ‚Bettelstudent' sein Debüt gab und dass Johannes Heesters 1973 für ‚Viktoria und ihr Husar' gewonnen werden konnte."

Blick zurück in Liebe: Wie alles begann …

HANS NIESSL
Landeshauptmann des Burgenlandes

Erfolgsstory am See

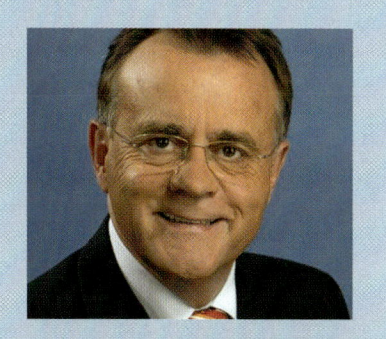

Mörbisch ist eine Erfolgsstory. Die Seefestspiele Mörbisch haben sich in den 50 Jahren ihres Bestehens zu einem ganz besonderen Highlight der burgenländischen Festivalszene entwickelt und nehmen hier eine außerordentliche Stellung ein. Mörbisch, das „Mekka der Operette", sorgt jährlich für Besucherrekorde und ist damit für den Tourismus des Burgenlandes von sehr großem Stellenwert.

Auf sehr hohem Niveau werden jährlich einmalige Operettenproduktionen geboten, die nicht nur Gäste aus dem Inland, sondern auch viele ausländische Operettenliebhaber an den Neusiedler See locken. Rund 220.000 Operettenbegeisterte genießen jährlich die einmaligen Aufführungen in einem einzigartigen Ambiente. Mörbisch ist ein hervorragendes Beispiel, dass wirtschaftliche Interessen und anspruchsvolle künstlerische Produktionen hervorragend in Einklang gebracht werden können. In den vergangenen Jahren wurde sehr viel in den Ausbau des Festivalgeländes investiert. Diese Investitionen sind die Basis für den Erfolg von Mörbisch und haben auch große Auswirkungen auf die Fremdenverkehrswirtschaft der Region und des gesamten Burgenlandes. Die kulturellen Höhepunkte in Mörbisch sind auch touristische Hochzeiten. Die Fachhochschule für Internationale Wirtschaftsbeziehungen hat die Umwegrentabilität der Seefestspiele Mörbisch erhoben und festgestellt, dass 35 Millionen Euro im Land bleiben. Die Seefestspiele Mörbisch sind zu einem unverzichtbaren Standbein des heimischen Tourismus geworden, denn über dieses Großereignis wird in den Medien berichtet und das Image des Burgenlandes als Kulturland gefestigt und gestärkt.

Intendant Prof. Harald Serafin versteht es wie kein anderer, das Burgenland und die Seefestspiele in seiner unnachahmlich charmanten Art in den Medien zu präsentieren. Dafür möchte ich mich bei Prof. Harald Serafin ganz herzlich bedanken.

Die Seefestspiele haben aber auch eine direkte Auswirkung auf den Arbeitsmarkt, denn in Mörbisch sind während der Saison knapp 600 Personen beschäftigt. Dadurch haben sich die Seefestspiele Mörbisch zu einem bedeutenden Wirtschaftsmotor entwickelt. Das Team der Seefestspiele, Geschäftsführer Dietmar Posteiner und seine Mitarbeiterinnen und Mitarbeiter, tragen zu diesem Erfolg ganz wesentlich bei. Für dieses Engagement möchte ich mich bedanken und wünsche ein erfolgreiches Jubiläumsjahr!

Landeshauptmann Hans Niessl

Harald Serafin: „Ein Bonvivant, wie er im Buche steht"

Mit Herz und Blut

Mit Herz und Blut

»ES ERFÜLLT MICH MIT STOLZ, DASS DAS OPERETTENFESTIVAL VON MÖRBISCH REICH IST AN BESONDERHEITEN. DIESE RIESENBÜHNE MUSS MIT LEBEN ERFÜLLT SEIN, DIE FANTASIE KANN HIER AUSUFERN UND DIE GRENZEN JEDES HERKÖMMLICHEN THEATERS SPRENGEN.«

Von Harald Serafin

Es erfüllt mich mit Stolz, dass das Operettenfestival von Mörbisch reich ist an Besonderheiten. Beginnen wir mit der Bühne, auf der – um es anschaulich zu vergleichen – die der Wiener Volksoper viermal (!) Platz finden würde. Imposante 3.500 Quadratmeter sind hier erst einmal zu füllen und zu bespielen! Da muss man andere Wege gehen, die Riesenbühne muss mit Leben erfüllt sein, die Fantasie kann hier ausufern und Konzepte realisieren, die die Grenzen jedes herkömmlichen Theaters sprengen würden.

Auf dieser Basis einer außergewöhnlichen Bühnensituation konnte sich eine quasi „hauseigene Kunstform" entwickeln. Eine der Tradition verpflichtete Synthese von klassischer Wiener Operette und bühnenwirksamen Showeffekten. Ein versuchter Brückenschlag zwischen amerikanischem Musical-Feeling und österreichischer Operettenseligkeit. Wichtig ist die Aufbruchstimmung, der Neubeginn nach den 60er und 70er Jahren, in denen die Operette in einen Dornröschenschlaf versank, da wirklich große Sänger sich ihr versagten.

Heute, da eher das Interesse am Musical stagniert, ist die richtige Zeit für eine Renaissance der Operette angebrochen. Ich finde es wunderbar, dazu doch ein wenig beigetragen zu haben. Erlauben Sie mir einen musikalischen Vergleich: Auch wenn einige Musicals, wie zum Beispiel „Das Phantom der Oper", recht professionell gebastelt sind, so enthalten sie in der Regel doch maximal einen einzigen Evergreen, während Sie in jeder bekannten Operette mindestens acht solche „Ohrwürmer" finden.

Operettenmelodien sind einfach nicht kleinzukriegen: Man kennt sie von Kindheit an, und in schwereren Zeiten neigt man bekanntlich dazu, sich wieder verstärkt bei Bekanntem, Vertrautem geborgen zu fühlen.

Gern kehrt man zurück zu Herz und Schmerz, zu „Lippen schweigen, 's flüstern Geigen, hab mich lieb …" Man erfreut sich am Unterhaltungswert dieses Genres, ohne sich durch allzu großen Tiefgang zu belasten.

Für meine Produktionen in Mörbisch hatte ich von Anfang an den Wunsch, sie im besten Sinne „bewahrend" auf die Bühne zu bringen; die Werke so zu zeigen, wie sie von ihren Urhebern gemeint waren. Früh habe ich erkannt, dass das sogenannte „Entstauben" der Operette kein guter Weg ist. Wer Operetten liebt, der liebt vor allem auch den Glanz, den schönen Schein, von mir aus auch die edle Patina, von denen diese Juwelen umgeben sind.

Darum lassen Sie mich schwärmen: Die Operette ist ein zutiefst österreichisches Kulturgut, eine Kostbarkeit wie die Lipizzaner oder die Sängerknaben. Sie gehört zum Besten, was Europa auf dem Gebiet der Unterhaltung je hervorgebracht hat. Man muss sie ernst nehmen, pflegen, lieben und vor allem – hochkarätig besetzen!

Unvergesslich, was Otto Schenk mich lehrte: „Operette muss man mit Herz und Blut spielen! Dein Herz muss bluten – dann ist es ECHT!"

Zu den schwierigsten und verantwortungsvollsten Aufgaben meines Jobs gehört mit Sicherheit die Auswahl der Sängerinnen und Sänger, denn mit der typgerechten Besetzung der Partien steht und fällt der Erfolg jeder Operettenproduktion.

Ich picke mir schon die Rosinen aus dem Kuchen und engagiere die Besten von den Bühnen Europas,

Harald Serafin als Petrucchio

was viel leichter gesagt als realisiert ist. Immer wieder stelle ich bei meiner permanenten Suche fest, wie außerordentlich schwer ein überzeugender Bonvivant, eine strahlende Diva oder ein wirklich komischer Buffo zu entdecken sind: Singen sollen sie können, tanzen, schauspielerisch präsent, womöglich noch komisch sein – da wird ein ungeheures künstlerisches Potenzial eingefordert. Ich kann ja schlecht einen Tenor engagieren, bei dem ein zärtliches „Dein ist mein ganzes

Mit Herz und Blut

Anneliese Rothenberger und Harald Serafin

Strauß, Abraham, Kálmán … Beim bloßen Klang dieser Namen visualisieren sich Bilder aus Ungarn, aus der k. u. k. Zeit … Das verlangt auf der Operettenbühne ein ganz bestimmtes Timbre, eine eigene Klangfarbe der Sprache, der Stimme, der Bewegung, des Charmes und der persönlichen Ausstrahlung. Darsteller, die das alles in sich vereinen, sind heutzutage schwerer zu finden als die sprichwörtliche Stecknadel im Heuhaufen.

Der größte Klotz am Bein, eine schwere Hypothek aus der Vergangenheit, die früher im Zusammenhang mit Besetzungsfragen auf Mörbisch lastete, konnte während meiner Intendanz nicht nur getilgt, sondern sogar ins Gegenteil verkehrt werden: In früheren Zeiten galt es für Sängerinnen und Sänger geradezu als ruf- und berufsschädigend, in Mörbisch aufzutreten; dagegen kann unsere Bühne heute zu Recht als Sprungbrett für eine große Karriere junger Künstler betrachtet werden, und auch die renommiertesten Regisseure – um nur Helmuth Lohner und in der kommenden Saison Maximilian Schell zu nennen – kommen gern zu uns, um in Mörbisch zu inszenieren.

Was ich allerdings nach wie vor ablehne, ist die Verpflichtung allzu teurer Spitzenstars. Wir brauchen eine solche budgetäre Belastung nicht, denn der wahre „Star" unserer Aufführungen wird immer das Ambiente sein und bleiben, die Einzigartigkeit dieser Bühne auf dem See.

Das Gelände der Seefestspiele liegt harmonisch eingebettet in die pannonische Tiefebene;

Herz" zwar rein technisch richtig gesungen wird, das emotional und klanglich aber niemanden berührt …

Dann ist da noch der Akzent des jeweiligen Künstlers zu berücksichtigen! Das Publikum von Mörbisch akzeptiert sofort einen ungarischen oder einen im weitesten Sinne slawischen Akzent. Niemals aber zum Beispiel einen amerikanischen Tonfall. Was nicht weiter verwundert, stammen doch unsere bekanntesten Operetten aus der Feder eines Lehár,

„Da geh' ich zu Maxim": In der Rolle des Danilo brillierte Harald Serafin weltweit rund 1.800-mal – was ihm auch den Spitznamen „Danilo vom Dienst" einbrachte

Mit Herz und Blut

die Gemeinde Mörbisch hat im Jahresdurchschnitt nachweislich die meisten Sonnentage des Burgenlandes zu verzeichnen. Hier regiert das pannonische Klima. Das Leithagebirge läuft in einem ganz bestimmten Winkel aus und die trockene, warme Pusztaluft wird gegen das Gebirge geschoben. Das hält den Regen in sicherer Entfernung.

Eine ganz außergewöhnliche Zone befindet sich aber rund zwei Kilometer vom Ufer entfernt, in der Mitte des Neusiedler Sees. Dort, mit dem Ausblick nach Ungarn, verläuft eine Wetterscheide, und das kann bedeuten: Regen im Dorf, aber Schönwetter auf der Seebühne! Ganz zu schweigen vom Mond, der über diesem Platz im Sommer genau um 22 Uhr, in beinahe kitschiger Form, zum Bestandteil der Inszenierung wird …

Da sich über Jahre hinweg beobachten ließ, dass „Schönwetter" und „Vorstellung" ein beinahe untrennbares Paar sind, richten die Mörbischer ihre Sommerfeste längst nach unseren Terminen aus. Eine Legende ist entstanden: „Der Serafin muss ein ganz besonderes Schutzengerl dort oben haben!" Und sollte sich, in ganz seltenen Fällen, das schlechte Wetter tatsächlich einmal vom Westen, also vom Leithagebirge her, zu uns verirren – denn nur aus dieser Richtung kommt es, wenn es kommt –, dann stelle ich mich auf einen erhöhten Platz und suggeriere den Wolken ein „Halt! Halt! Und nicht weiter!"

Dann sagen die Kollegen: „Der Serafin steht dort oben und macht seinen Wetter-Hokuspokus."

Ich wünsch mir einfach ganz fest, dass die Wolken stehen bleiben. Und meistens hab ich Glück und bin der Sieger.

Eines Tages läutete mein Telefon, und der Anrufer, Mörbischs Bürgermeister Sommer, überraschte mich mit folgender Nachricht: „Herr Intendant, wir hätten da eine Ehrung für Sie, und ich möchte Sie fragen, ob Sie sie auch annehmen. Es ist die Ehrenbürgerschaft von Mörbisch."

Mit Anna Moffo

»Oh«, sagte ich, »bekomme ich diese Auszeichnung dafür, dass ich euch so viele Sorgen und Umstände gemacht habe?«

Harald Serafin bei der Verleihung der Ehrenbürgerschaft von Mörbisch

„Oh", sagte ich, „bekomme ich diese Auszeichnung dafür, dass ich euch so viele Sorgen und Umstände gemacht habe?"

So wurde ich also Ehrenbürger von Mörbisch. Ich saß dann eines Tages wieder mit dem Bürgermeister zusammen und bei dieser Gelegenheit wollte ich ihn verbal ein bisschen kitzeln. Ich wusste, dass das nicht der Wahrheit entspricht, aber ich fragte ihn mit unschuldig-vertraulicher Miene: „Ich habe von Politikern gehört, dass mit einer Ehrenbürgerschaft üblicherweise noch drei weitere Ansprüche verbunden sind: nämlich eine heiße Suppe, ein Ehrengrab und tausend Quadratmeter Grund!"

Während mein Gegenüber zu Beginn meiner Aufzählung noch freundlich-wohlwollendes Abwägen erkennen ließ, so stand ihm bei der Sache mit dem Grund nur noch ernsthafte Ratlosigkeit ins Gesicht geschrieben. Als wir uns trennten, hatte ich den Eindruck, das Gesagte würde ihn beschäftigen.

Tatsächlich! Einige Tage später, ich hatte das Gespräch längst wieder vergessen, läutete mein Telefon. Der Bürgermeister rief an und berichtete von einer Gemeinderatssitzung, in der auch über die von mir angesprochenen zusätzlichen Ansprüche, also quasi „über die drei Pferdefüße", beraten worden sei. Das Ergebnis lautete: „Das Ehrengrab geht in Ordnung, die heiße Suppe auch, aber das mit dem Grund …?"

Mir blieb, was ich ohnehin schon hatte: eine Ehrenbürgerschaft ohne jeden Pferdefuß.

Ein Sänger ist es gewesen, der die Seefestspiele, dieses gewagte Projekt, gegen den anfänglichen Widerstand der Bürgerinnen und Bürger von Mörbisch, aber auch gegen den Willen der lokalen Politiker aus dem Boden stampfte. Dabei hatte er zunächst gar nicht das Dorf Mörbisch, sondern vielmehr die Stadt

Wenn der Vater mit dem Sohne: Auch Daniel (l.) steht bereits auf den Brettern, die die Welt bedeuten

Mit Herz und Blut

Stolzer Vater, strahlende Tochter: Harald Serafin mit Martina, die mittlerweile eine Weltkarriere als Sopranistin gestartet hat

Rust als Festspielort ausersehen. Rust lehnte aber so kategorisch ab, dass er auf der staubigen Sandstraße noch viereinhalb Kilometer weiterfuhr – und Mörbisch fand: Die Rede ist von Herbert Alsen, dem berühmten Staatsopern-Bass, der sich nach einem Familienurlaub in Mörbisch diesen großen Lebenstraum erfüllte. Er zog mit seiner Familie ganz nach Mörbisch und investierte beträchtlich aus seinem Privatvermögen, um den Festspielen Leben einzuhauchen.

Es waren also ausgerechnet zwei Sänger, die dieses Festival zum Gedeihen brachten.

Nach der glücklichen Frühzeit der Ära Alsen gab es dann leider eher lieblose Phasen mit falschen Finanz- und fragwürdigen künstlerischen Konzepten, sodass man unmittelbar vor meiner Intendanz ernsthaft an eine Schließung der Seebühne dachte.

Jetzt, wo schon seit Jahren neues Vertrauen, neuer Elan und ein ungeahnter Aufschwung eingekehrt sind, kommt sozusagen „tout Vienne" an den Neusiedler See. Und da es bei mir bekanntlich immer genug „Action" gibt, wobei Sehen und Gesehenwerden ebenso zu Mörbisch gehören wie das imposante Feuerwerk, kommen auch viele junge Leute angereist.

Und jedes Jahr aufs Neue dieses Eintauchen in ein spannendes Abenteuer! Seltsamerweise fragt man mich oft, ob mir – bei meiner zweifellos genauen Kenntnis dieser klassischen Operetten – nicht manchmal langweilig würde? Diese Frage kann ich nur aus tiefstem Herzen verneinen!

Ich beteilige mich regelmäßig an der Erarbeitung der Stücke. Und immer entdecke und erlebe ich dabei etwas Neues, Aufregendes. Es gelingt tatsächlich bei jeder Vorstellung, mich zum Träumen zu bringen. Und ich bin doch schon ein älterer Herr!

1.800-mal habe ich selbst die Partie des Danilo in der „Lustigen Witwe" gesungen und doch komme ich bei dieser Musik immer wieder ins Träumen … Also langweilig wird mir bestimmt noch lange nicht.

Ein Lebenslauf voll Liebe und Lust

ALS »CHRISTKINDL« WIRD HARALD SERAFIN AM 24. DEZEMBER 1931 IN LITAUEN GEBOREN. SEINE MUTTER STAMMT AUS DEM SALZBURGISCHEN, DER VATER IST ITALIENER, DER SEINEM SOHN MUSIKALITÄT UND SÜDLÄNDISCHES TEMPERAMENT VERERBT.

Litauen wird 1939 von den Russen besetzt, die Familie flüchtet 1940 zunächst nach Memel in Ostpreußen, wo sie drei Jahre lang lebt. Aber auch hier ist ihres Bleibens nicht länger, als der Frontverlauf immer näher rückt. 1944 wird Ostpreußen von den Russen eingekesselt, eine dramatische Flucht per Schiff über die Ostsee nach Danzig beginnt. Von dort ziehen die Serafins mit einem Flüchtlingstreck wochenlang durch Deutschland bis Bayern. Harald Serafin ist heute noch traumatisiert von den schrecklichen Erlebnissen unterwegs und kann kaum darüber sprechen. In Bamberg können die Eltern nach einiger Zeit des Einlebens schließlich ein Textilgeschäft eröffnen.

Harald Serafin maturiert 1951 in Bamberg und beginnt auf Wunsch seiner Familie in Berlin ein Medizinstudium. Weil er „kein Blut sehen kann", bricht er jedoch die Ausbildung zum Arzt im 7. Semester ab und macht seine Musikleidenschaft zum Lebenszweck: Er entscheidet sich für den Sängerberuf und inskribiert an der Hochschule für Musik in Berlin.

Danach geht er an das Konservatorium in Nürnberg und studiert beim berühmten Lehrer und Kammersänger Willi Domgraf-Fassbaender.

Seine Ausbildung komplettiert er bei Professor Wilhelm Schönherr.

Bald folgen erste Engagements in St. Gallen, Bern und Ulm, ehe der damalige Direktor des Züricher Opernhauses, der Wiener Professor Hermann Juch, Harald Serafin an sein Haus holt. Anlässlich der Züricher Juni-Festspiele 1967 singt er die männliche Hauptpartie in „Madame Bovary" – seine Partnerin ist Starsopranistin Anneliese Rothenberger.

Die unbeschwerte Kindheit in Litauen dauert nur kurz

Durch eine Fernsehaufzeichnung dieser Oper wird man auch in Wien auf Harald Serafin aufmerksam.

In Zürich findet die erste Begegnung mit dem berühmten Schauspieler und auch auf Operninszenierungen spezialisierten Otto Schenk statt. Seine Inszenierung der „Fledermaus" mit Serafin in der Rolle des „Eisenstein" ist ein Wendepunkt in Serafins künstlerischer Entwicklung. Otto Schenk entdeckt auch das komische Talent von Harald Serafin und führt ihn künstlerisch auf den richtigen Weg. Er wird der „singende Bonvivant der Operette".

Wieder wird eine Zusammenarbeit mit Schenk zum Meilenstein in Serafins Karriere: Am Frankfurter Opernhaus inszeniert er die „Lustige Witwe" mit Serafin als Danilo und mit der großen Anja Silja als Partnerin. Mit seiner Darstellung des Danilo schreibt Harald Serafin Operettengeschichte: Er wird diese Partie in seinem Leben 1.800-mal singen und damit weltberühmt werden.

An zahlreichen Opernhäusern im deutschsprachigen Raum und immer mehr auch im Fernsehen wird Serafin als der neue komische Charaktersänger und Liebhaber mit der unverkennbaren, baritonalen Opernstimme eingesetzt.

1967 schließlich holt ihn der damalige Direktor Albert Moser an die Wiener Volksoper, die seither sein Stammhaus ist.

1970 sucht das Theater an der Wien für den als Danilo unvergesslichen Johannes Heesters einen Nachfolger. Der damalige Direktor, Professor Rolf Kutschera, findet diesen kongenialen Nachfolger in Harald Serafin.

„Jede Zeit hat ihren Danilo, und der unsrige heißt ab heute Serafin", schreibt die Wiener „Presse". Bei seinem ersten Auftreten in der New York Opera preist der Kritiker der „New York Times" Serafin als „Walter Matthau der Wiener Operette". Nach einem Konzert in London meint Filmstar Ginger Rogers, Serafin sei „ein wienerischer Maurice Chevalier".

> *»1989 kommt es zu einer dramatischen persönlichen wie künstlerischen Krise in Harald Serafins Leben: Der Sänger muss sich einer Stimmbandoperation unterziehen.«*

Bei seinem ersten Auftreten an der Frankfurter Oper in der Direktionszeit von Christoph von Dohnányi besteht der französische Starregisseur Jérôme Savary auf Harald Serafin in „Pariser Leben" und auf ihn als Danilo in seiner Inszenierung der „Lustigen Witwe" an der Volksoper in Wien.

Es folgen viele Auftritte in populären Fernsehsendungen in Großbritannien („Stars on Sunday"), in New York („Hello America") oder als singender Moderator in ZDF, ARD und ORF („Dalli, Dalli", „Erkennen Sie die Melodie?" „Sonntagskonzerte", „Blauer Bock" u.a.). Viele Male ist Harald Serafin Stargast in der seinerzeit äußerst populären ORF-Sendung „Guten Abend am Samstag" von und mit Heinz Conrads.

ORF, ZDF und SRG produzieren zahlreiche Aufzeichnungen wie „Opernball", „Die schöne Helena", „Feuerwerk", „Boccaccio", „Der Zigeunerbaron" und „Im weißen Rössl". Begleitend dazu erfolgen Schallplattenaufnahmen (z. B. „Verliebt in Wien", „Da geh' ich zu Maxim", „Die Lustige Witwe", „Bel Ami").

Serafin unternimmt ausgedehnte Konzertreisen durch Amerika und Japan, die ihn zu einem der international begehrtesten und prominentesten Mitglieder der Wiener Volksoper machen. Er wird zum musikalischen Botschafter des österreichischen Kulturgutes Operette. 1985 wird seine Laufbahn als Sänger gekrönt durch die Verleihung des Titels „Kammersänger".

1989 kommt es zu einer dramatischen persönlichen wie künstlerischen Krise in Harald Serafins Leben: Er muss sich einer Stimmbandoperation unterziehen. Durch ungeheure Disziplin und außerordentliches Training gelingt es ihm, seine Stimme so weit zurückzugewinnen, dass er heute alle komischen Rollen in Operetten singen kann.

Harald Serafin (M.) mit seiner „Großfamilie": Sohn Daniel, Tochter Martina, Ehefrau Ingeborg, genannt „Mausi", und Mirjana Irosch, seine erste Frau (v.l.n.r.)

Ordensammler: LH Niessl verleiht Harald Serafin das Komturkreuz des Landes Burgenland …

… und Kulturstadtrat Peter Marboe das Goldene Ehrenzeichen für besondere Verdienste um die Stadt Wien

1992 wird ihm die Intendanz der Seefestspiele Mörbisch angeboten – ein Traum, den er schon lang geträumt hatte: „Träume erfüllen sich nicht von heute auf morgen. Aber man muss sie träumen, damit sie irgendwann Realität werden!"

Aus der kleinen Mörbischer Seebühne macht Serafin im Laufe der Jahre die größte Operettenbühne der Welt und ein weltweit anerkanntes Festival der klassischen Operette. Dieser Traum ist im Jahre 2007 fünfzehn Jahre alt und schon längst ist aus Mörbisch das „Mekka der Operette" geworden: Groß angelegte Zu- und Umbauten werden unter Serafins Leitung getätigt, er lässt den Zuschauerraum kontinuierlich auf 6.400 Plätze erweitern, das bedeutet jährlich bis zu 220.000 Zuschauer. Ton- und Lichtanlagen werden auf den international optimalen Stand gebracht.

Dazu kommt Serafins untrügliches Gespür für junge unverbrauchte Stimmen, für attraktive Darsteller, die zu Publikumslieblingen werden. Seine PR-Begabung und sein Geschäftssinn sind sprichwörtlich.

Noch im selben Jahr holt sein Freund Felix Dvorak ihn aus dem seelischen Tief und besetzt bei seinen Berndorfer Sommerspielen die Hauptrolle von Ludwig Thomas „Moral" mit Harald Serafin. Diese Aufführung wird zum großen Erfolg bei Kritik und Publikum, der ORF zeichnet sie auf. Eine erfolgreiche zweite Karriere als Bühnenschauspieler hat begonnen.

Als logische Konsequenz holt ihn sein jahrzehntelanger Mentor Otto Schenk an die Kammerspiele des Theaters in der Josefstadt, und zwar für das Boulevardstück „Trau keinem über 60" von Gunther Beth. Auch hier kann er sein angeborenes Talent fürs Komische voll ausspielen. Das Stück wird zum Kassenschlager.

Es folgen weitere Rollen wie in „Beste Freunde", „Der Neurosenkavalier", „Der Mann, der sich nicht traut" und „Nur keine Tränen, Liebling".

Aus seiner ersten Ehe mit Volksopernsängerin Mirjana Irosch stammt Harald Serafins Tochter Martina, die künstlerisch sehr bald in die Fußstapfen des Vaters tritt und nach einem glanzvollen Debüt in Mörbisch ihre große Opernkarriere beginnt: Sie singt u.a. in Essen und in Bologna die „Pique Dame", in Stuttgart „Così fan tutte", „Don Giovanni" und „Rosenkavalier". 2004 singt sie in Amsterdam unter der Regie von Willi Decker die Marschallin im „Rosenkavalier" sowie in Essen ihre erste „Marie" in „Wozzeck", die ein triumphaler Erfolg wird. 2005 feiert sie in Wien ihr Staatsoperndebüt als „Donna Elvira" in „Don Giovanni". Zum Triumph gerät im Opernhaus Zürich die „Marie" in „Die verkaufte Braut".

Auch Harald Serafins Sohn Daniel aus der Ehe mit seiner zweiten Frau Ingeborg hat mittlerweile eine erfolgreiche Sängerkarriere gestartet, er ist ein wichtiger Motor für die Bewältigung seiner Aufgabe als Intendant. Auch er ist schon gemeinsam mit seinem Vater auf der Bühne gestanden, zum ersten Mal in den Kammerspielen in „Beste Freunde".

2006 erlebt Harald Serafin einen selbst für ihn als Profi überraschenden Popularitätsschub: Für die ORF-Produktion „Dancing Stars" fungiert er als Juror und wird als „Mr. Wunderbar" zum „Kultstar" von Jung und Alt.

Für das Jubiläumsjahr 2007 – 50 Jahre Seefestspiele Mörbisch, 15 Jahre Intendanz Harald Serafin – konnte Harald Serafin für die Inszenierung von „Wiener Blut" einen wahren Weltstar verpflichten: Kein Geringerer als Maximilian Schell wird Regie führen. Rückblickend auf sein Leben und seine Karriere sagt Harald Serafin heute: „Der Gesang und die Musik haben es mir ermöglicht, das zu werden, was ich immer sein wollte: ein freier Mensch."

Auszeichnungen:

1983	Goldenes Ehrenzeichen der österreichischen Fremdenverkehrswerbung
1983	Goldener Ehrenring des Theaters an der Wien
1985	Verleihung des Berufstitels „Kammersänger"
1995	Verleihung des Titels „Professor" durch Bundespräsident Dr. Thomas Klestil
1996	Verleihung des „Komturkreuzes" durch den burgenländischen Landeshauptmann Hans Niessl
1999	Verleihung des „Goldenen Ehrenzeichens für Verdienste um das Land Wien" durch Kulturstadtrat Dr. Peter Marboe
2001	Verleihung des „Ehrenkreuzes für Wissenschaft und Kunst I. Klasse" durch Kulturstaatssekretär Franz Morak
2006	Verleihung der Ehrenmitgliedschaft der Volksoper Wien
2006	Verleihung des „Wiener Rathausmanns"

Ein Lebenslauf voll Liebe und Lust

Rückblickend auf sein Leben sagt Harald Serafin heute: »Der Gesang und die Musik haben es mir ermöglicht, das zu werden, was ich immer sein wollte: ein freier Mensch.«

Köpfchen ist für eine erfolgreiche Intendanz ebenso nötig …

… wie energisches Durchsetzungsvermögen …

… das manchmal bis zur Erschöpfung reichen kann

So wurde Mörbisch zum »Mekka der Operette«

»»DA MÜSSTE MAN WAS DRAUS MACHEN«, DACHTE ICH IMMER, WENN ICH IN MÖRBISCH AUF DER SEEBÜHNE STAND. ICH WAR DREIMAL DORT ALS SÄNGER ENGAGIERT, SANG 1969 DEN SYMON IM ›BETTELSTUDENT‹, 1985 KAM ICH WIEDER ALS SIEDLER ›IM WEISSEN RÖSSL‹, UND IM DARAUF FOLGENDEN JAHR 1986 WAR ICH DER HOMONAY IM ›ZIGEUNERBARON‹.« (HARALD SERAFIN)

Es ist eine neue Ära, die Harald Serafin bei den Seefestspielen Mörbisch ab Oktober 1992 einläutet, in keiner Weise vergleichbar mit dem, was bis dahin bei diesem Operettenfestival am Neusiedler See über die Bühne gegangen ist. Niemand zuvor war mit jener inneren Überzeugung, mit diesem klaren Bekenntnis zur Operette, aber auch mit dieser Vision und dieser Professionalität an die Intendanz in Mörbisch herangegangen. Dabei war die Ausgangsposition alles andere als einfach.

Die Festspiele liegen nach mäßigem künstlerischem Erfolg und damit verbundenen finanziellen Problemen eingermaßen darnieder. Das Image der Seefestspiele Mörbisch leidet unter der mangelnden Akzeptanz der Operette durch Medien und die Musikszene. Als es zum Bruch zwischen dem Festspielvorstand und Serafins Vorgänger Rudolf Buczolich kommt, weiß niemand so recht, wie es weitergehen soll. Die Entscheidung, die Intendanz noch einmal auszuschreiben, erscheint beinahe wie eine Alibihandlung, ebenso gut wäre eine endgültige Schließung der Seefestspiele durch das Land Burgenland denkbar gewesen. In dieser Situation wird Harald Serafin zum Retter in der Not und, wie sich sehr rasch herausstellen sollte, zur zentralen Figur in der Geschichte der Seefestspiele Mörbisch nach dem Gründer Herbert Alsen. Sein Bekenntnis zur Operette, der er sein bisheriges Leben als Sänger gewidmet hatte, und sein Traum von einem Zentrum zur Pflege dieser urösterreichischen Musikgattung geben

Harald Serafin vor gefüllten Tribünen: Bis zu 220.000 Operettenfans pilgern Jahr für Jahr ins „Mekka der Operette"

Ein Impresario entspannt auf der Bühne: Auch als Intendant spielt Serafin in seinen Operetten mit

Serafin die Kraft und den Willen, allen Unkenrufen zum Trotz, innerhalb weniger Jahre Mörbisch zum „Mekka der Operette" zu machen.

Von all dem wagen die politisch Verantwortlichen zum Zeitpunkt der Bestellung von Harald Serafin noch nicht einmal zu träumen. Im Gegenteil: Massive Anlaufschwierigkeiten kennzeichnen den Einstieg Serafins in die Intendanz. Das Festspielbüro ist in Auflösung begriffen, der bisherige kaufmännische Leiter tritt wenige Wochen nach Rudolf Buczolich ebenfalls von seiner Funktion zurück. Für Harald Serafin gilt es zunächst, ein neues Team aufzubauen.

Doch bevor es so weit ist, fährt er ein paar Tage nach Kitzbühel, um vor seiner neuen Aufgabe noch etwas Entspannung zu finden. Prompt wird er dort krank, auch, wie er selbst meint, wegen der für ihn in diesem Moment beinahe ausweglosen Situation. Er ist knapp davor, den ohnehin noch nicht unterschriebenen Vertrag zu verwerfen, besinnt sich dann aber doch auf die konsequente Suche nach seiner sprichwörtlichen „rechten Hand". Für die Funktion des Geschäftsführers wünscht sich Serafin den damaligen Sekretär der Kulturlandesrätin und Festspielpräsidentin Dr. Christa Krammer und äußerte diesen Wunsch umgehend gegenüber Landeshauptmann Karl Stix, der für ihn ein Mentor der ersten Stunde war. Brieflich bittet Serafin: „Posteiner oder keiner!" Die Zusage kommt postwendend, die neue Kombination erweist sich als glückliche und erfolgreiche Entscheidung. Auch nach 15 Jahren der Zusammenarbeit harmoniert das Duo nach wie vor, keineswegs selbstverständlich, schon gar nicht in Kulturbetrieben.

Motiviert und zufrieden ob der geschaffenen Voraussetzungen für den tatsächlichen Beginn seiner Intendanz fährt Harald Serafin schon im Frühjahr 1993 mit dem burgenländischen Architekten

So wurde Mörbisch zum »Mekka der Operette«

> »Die ›Serafin'sche Badewanne‹, der Mörbischer Orchestergraben, erweist sich auch als toller PR-Gag, mit dem es sich trefflich in allen Medien arbeiten lässt.«

Matthias Szauer an die Seebühne. Gemeinsam sitzen sie auf der leeren Tribüne, lassen die Weite des Sees auf sich wirken und überlegen gemeinsam, welche baulichen Voraussetzungen für ein gehobenes Musikfestival zu schaffen wären.

Dieser „Sitzung" unter freiem Himmel war freilich bereits ein Gespräch mit dem Tonmeister der Wiener Staatsoper, Professor Wolfgang Fritz, vorausgegangen, der auch bei den Bregenzer Festspielen als Akustikchef fungierte. Serafin hatte ihn mit einem Zeitungsartikel über die ausgezeichnete Beschallung in Bregenz in der Staatsoper überfallen und ihn vor die vollendete Tatsache gestellt: „Das machst du auch in Mörbisch!" Professor Fritz ist ebenso von der Überzeugungskraft Serafins erdrückt wie viele Sponsoren und Politiker nach ihm und macht sich augenblicklich an die Planung des Beschallungskonzeptes für die Bühne am Neusiedler See. Der Bau eines Orchestergrabens sollte das erste Vorhaben der neuen Intendanz sein, eine unbedingte Voraussetzung für gehobene Klangqualität an einer Open-Air-Bühne.

Das Ansinnen, den Orchestergraben unter die Bühne in den See zu bauen, reizt viele Gesprächspartner zum Widerspruch. Immer wieder bekommt Serafin zu hören: „Unmöglich! Das geht nicht!" Beirren lässt er sich davon jedoch nicht. Der Orchestergraben wird im März geplant und in den Monaten April und Mai unter zum Teil widrigsten äußeren Bedingungen gebaut.

Zur Premiere im Juli präsentiert sich das Sechs-Millionen-Schilling-Projekt trocken und bespielbar dem staunenden Publikum. Und vor allem: Die „Serafin'sche Badewanne", wie der Orchestergraben bald nur noch genannt wird, erweist sich auch als toller PR-Gag, mit dem es sich trefflich in allen Medien arbeiten lässt.

Verzweifelt wirkt Serafin höchstens auf Geheiß des Regisseurs

So wurde Mörbisch zum »Mekka der Operette«

Das Stück für die Serafin'sche Intendanz-Premiere 1993 ist bereits von Vorgänger Buczolich vorgegeben: „Die Lustige Witwe" kommt Serafin als ehemaligem „Danilo vom Dienst" sehr entgegen, auch wenn eine ordentliche Planung dieser ersten Saison kaum mehr möglich ist. Durch die späte Bestellung zum künstlerischen Leiter lebt man im ersten Jahr vom Improvisieren. Nur vier Monate bleiben dem Team für die Vorbereitung der Produktion, in dieser Zeit werden Besetzungen vorgenommen, es wird die Werbetrommel gerührt, das künstlerische Leading Team wird formiert und intensive Medienkontakte werden gepflegt. In diese Zeit fällt auch das Engagement von Rolf Langenfass, der innerhalb kürzester Zeit das aktuelle Bühnenbild entwirft und dem Festival bis zum heutigen Tag treu bleibt. Der Bau der Kulissen wird damals noch mit ortsansässigen Zimmerern und Schlossern bewerkstelligt, die noch während der Proben an der Fertigstellung des Bühnenbildes arbeiten. Tagtäglich stellt sich die Frage: Wann können die Künstler proben und wann können die Handwerker arbeiten, damit alles fertig wird?

Zu den enormen organisatorischen Problemen und dem Zeitdruck kommen noch andere Stolpersteine: Mörbisch hat damals ein slowakisches Orchester, das schon seit etlichen Jahren unter Vertrag steht. Die Übernahme der Intendanz durch Serafin wird offensichtlich zum Anlass für die Gewerkschaft, vehement das Engagement inländischer Musiker zu verlangen und die Vereinbarung mit den ausländischen Musikern zu boykottieren. Natürlich ist es in den wenigen Vorbereitungswochen unmöglich, einerseits aus dem bestehenden Vertrag auszusteigen und andererseits noch ein qualitativ hochwertiges inländisches Orchester zu formieren. Dieser Schritt, nämlich die Gründung eines eigenen Festspielorchesters, gelingt jedoch schon 1995 – gemeinsam mit der Bestellung des neuen musikalischen Leiters, Prof. Rudolf Bibl. Die Auswahl der Musiker erfolgt nach tagelangem Vorspielen im Schloss Esterházy in Eisenstadt vor einer vielköpfigen, kompetenten Jury.

Auch vor folgenschweren „Hoppalas" bleiben die Seefestspiele Mörbisch 1993 nicht verschont: Zwei Tage vor der Premiere fällt eine der beiden Hauptdarstellerinnen, Melanie Holliday, durch einen unglücklichen Sturz bei der Generalprobe mit einem Bänderriss aus. Über Nacht findet sich Ersatz in Gestalt von Martina Dorak, die die erforderliche Rolle zwar von der Volksoper kennt, für die es aber trotzdem eine große Herausforderung ist, nach nur einem Probentag die Premiere zu singen.

Trotz der herrschenden chaotischen Umstände wird „Die Lustige Witwe" eine sehr erfolgreiche Produktion. Die Besucherzahlen steigen von bisher üblichen 50.000 auf 67.000 Gäste. Möglich wird diese Zunahme auch durch den Umstand, dass nach langer Diskussion im Festspielvorstand der Freitag als Vorstellungstermin hinzugenommen wird. Bis dahin ist nur an Samstagen und Sonntagen gespielt worden.

Aber auch der unglaubliche Zusammenhalt innerhalb des Ensembles macht trotz des enormen zeitlichen Drucks hervorragende künstlerische Leistungen möglich.

»Durch den Bau der neuen Tribüne fühlten sich die viel zitierten Gelsen ihres angestammten Biotops in den alten Holzbänken beraubt und zogen beleidigt weiter.«

Vom Erfolg der ersten Saison ermutigt, macht sich das Team um Serafin an die Planung der nächsten Produktion, für 1994 wird „Wiener Blut" angesetzt. Serafins und Mirjana Iroschs Tochter Martina gibt ihr Bühnendebüt als Gabriele. Damit fällt in Mörbisch der Startschuss für eine großartige Karriere. Martina wird bei der Premiere nicht nur wegen ihrer sängerischen Leistung, sondern vor allem wegen ihrer offensichtlich angeborenen Bühnenpräsenz gefeiert. Die knifflige Aufgabe, für Martina einen adäquaten männlichen Partner zu finden, löst Serafin durch das Engagement von Herbert Lippert, der von Mörbisch weg direkt an die Mailänder Scala engagiert wird.

Während dieser zweiten Saison wird der alte Zuschauerraum, der noch mit Holzsitzen bestückt war, zur Gänze abgerissen und durch eine neue Tribüne ersetzt. Schon während der Arbeiten stellt sich heraus, dass durch das Aufbringen von reichlich Beton ein scheinbar untrennbar mit Mörbisch verbundenes „Phänomen" wie von Zauberhand verschwindet: Die viel zitierten Gelsen fühlen sich ohne ihre alten Brutstätten nicht mehr wohl. Sie verabschieden sich vom Festspielgelände und ziehen ein paar Häuser weiter …

Es ist in Mörbisch immer üblich, die Vorstellungen durch „lebende Requisiten" aufzulockern. So stellt beispielsweise Regisseur Alexander Waechter für „Wiener Blut" eine Kutsche auf die Bühne, wobei die Pferde aus einem örtlich ansässigen Betrieb stammen. Die Reitstallbesitzerin Evi Wenzel gewöhnt ihre Pferde während der Probenzeit an die Bühne. Was insoferne nicht leicht ist, da Pferde üblicherweise nichts betreten, wo sie unterhalb einen Hohlraum spüren. Trotz der sorgfältigen Vorbereitung gehen die Pferde dem für die Rolle des Kutschers engagierten Rainer Spechtl bei einer Vorstellung durch und können nur mit Mühe wieder eingefangen werden. Was dem in der Kutsche sitzenden Peter Matic als Fürst Ypsheim-Gindelbach den Angstschweiß auf die Stirn treibt.

Die Saison 1994 setzt die Tendenz der steigenden Besucherzahlen mit 80.000 Gästen weiter fort. Das von Serafin selbst gesteckte Ziel von „irgendwann einmal hunderttausend Besuchern" erscheint schon recht realistisch.

Das Jahr 1995 wird vom künstlerischen Standpunkt her ein immens wichtiges Jahr: Der aus Berlin stammende Regisseur Winfried Bauernfeind versteht es durch seine Friedrichstadtpalast-Erfahrung exzellent, Revueelemente in die Operette einzubringen, was auf der großen Seebühne für eine bisher unerreichte, optische Opulenz sorgt: „Der Bettelstudent" bringt erstmals pyrotechnische Effekte, Lasertechnik

So wurde Mörbisch zum »Mekka der Operette«

Schöpferische Pause im urlaubsmäßig wirkenden Outfit

Doppelt hält besser: Serafin hat den Durchblick

und eine Wassershow während der Vorstellung, wobei unabhängig davon das traditionelle Schlussfeuerwerk in Mörbisch beibehalten wird. Die Feuerwerkskörper explodieren zum ersten Mal exakt abgestimmt auf den Rhythmus einer eigens arrangierten Feuerwerksmusik, was eine absolute Neuerung darstellt und dem Feuerwerk einen spezifischen künstlerischen Stellenwert verleiht.

Sehr kreativ präsentiert sich 1995 das Bühnenbild von Rolf Langenfass, das aus mehreren dreidimensionalen und beweglichen Bühnenelementen besteht. Durch die Fahrbarkeit und Drehbarkeit dieser Elemente werden die einzelnen Akte höchst flexibel dargestellt, und das Publikum kann alle Umbauten während des Stücks miterleben.

Bemerkenswert an der Produktion von Millöckers „Bettelstudent" ist auch der erstmalige gemeinsame Auftritt von Mutter Mirjana Irosch und Tochter Martina Serafin, die auch auf der Bühne als Mutter und Tochter agieren, unterstützt von der unnachahmlichen Komik Gideon Singers als Eunuch Onuphrie. Der Erfolg des „Bettelstudent", für den es durchwegs euphorische Kritiken gibt, lässt den Aufschwung der Seefestspiele in ungeahnte Dimensionen explodieren. Sind es 1995 auf der neu errichteten und 4.100 Sitzplätze fassenden Tribüne 90.000 Besucher, die in Mörbisch begrüßt werden können, lockt die mit dieser Operette beim Publikum ausgelöste Begeisterung schon im folgenden Jahr 130.000 Besucher an die Seebühne. Was man zum Anlass nimmt, für 1996 die Tribünenkapazität auf 4.500 Plätze zu erweitern.

Überhaupt wird 1996 zum Jahr der großen Umbauten und Investitionen. Der Zugangsbereich zum Festspielgelände, das Entree, die Bühne sowie der Verwaltungs- und Requisitentrakt werden neu errichtet. Das positive Echo der letzten Jahre und der durchschlagende Erfolg der „Fledermaus" 1996, der sich schon Monate zuvor in einem Ansturm auf das Mörbischer Kartenbüro angekündigt hat, ermutigt den Festspielvorstand zu diesem Investitionsschub.

Die architektonischen Ideen hierzu kommen von einem Serafin-Freund: Dipl.-Ing. Klaus Becker aus Wien übernimmt die optische Neugestaltung des Geländes, die Detailplanung und die Bauüberwachung trägt sein burgenländischer Kollege Dipl.-Ing. Karl Fischer bei. Aber auch Professor DDr. Antal Festetics leistet seinen Beitrag zu den gewaltigen Umbauten, wenn auch indirekt. Auf die Frage Serafins, was man denn gegen die Gelsen unternehmen könnte, antwortete der Wildbiologe: „Betonieren!"

Im selben Jahr wird erstmals auch der Donnerstag als Spieltermin eingeführt und damit der Schritt weg vom einstigen „Wochenendfestival" hin zu einem kulturellen Großereignis gesetzt. Schon damals ist es durch den anhaltenden Verkaufserfolg möglich, die vorgenommenen Investitionen fast ausschließlich durch Eigenmittel der Seefestspiele Mörbisch abzudecken, sodass sich Bund und Land nur zu einem minimalen Prozentsatz an den Umbauten beteiligen müssen. Schon eher sind es Sponsorgelder, auf die man seitens der Festspielleitung zurückgreifen kann und die bei der „Fledermaus" spektakulär und doch subtil zum Ausdruck kommen: Der Ort der Handlung wird in Baden angesiedelt und die Unterstützung der Festspiele durch Casinos Austria mittels einer Silhouette des Casinos Baden auf der Hinterbühne symbolisiert.

Typisch für Aufführungen in Mörbisch wird hohe künstlerische Qualität auf der einen Seite mit aktuellen tagespolitischen Anspielungen auf der anderen Seite kombiniert. Dafür sorgen die Brüder Peter und Paul Armin Edelmann sowie Silvana Dussmann als SängerInnen und in den Sprechrollen Thaddäus „Teddy" Podgorski als Frosch sowie Waldemar Kmentt und Alfred Sramek als Gefängnisdirektor Frank.

1996 bringt auch die „leidvolle" Erkenntnis, dass nicht alle Ideen des künstlerischen Leading Teams problemlos umzusetzen sind. Der witzige Einfall, eine Fledermaus, an einem Drahtseil hängend, über die Köpfe der Besucher hinwegschweben zu lassen, wird schon nach wenigen Vorstellungstagen wieder verworfen. Der Grund: Schwalben, die das Drahtseil als willkommenen neuen Landeplatz schätzen, sorgen dafür, dass die Sitzplätze unter dem Drahtseil permanent mit Patzerln übersät werden.

1997 wird das bisherige Mörbischer Operettenspektrum erweitert: Ausgehend von dem Gedanken, dass Jacques Offenbach als Begründer der klassischen Operette gilt, will Serafin diesem Komponisten anlässlich des 40-jährigen Bestandsjubiläums der Seefestspiele ein Denkmal setzen und nimmt „Pariser Leben" auf den Spielplan. Das Publikum reagiert unterschiedlich und bringt der Festspielleitung damit wertvolle Erkenntnisse für die künftige Ausrichtung des Festivals.

117.000 Besucher bedeuten, verglichen mit 1996, einen nicht erheblichen, aber doch spürbaren Rückgang der Publikumszahlen, der klar macht, dass etwa zehn Prozent des sehr treuen Mörbischer Publikums wenig Bereitschaft zeigen, sich mit neuen, weniger bekannten Werken auseinanderzusetzen. „Pariser Leben" bietet damit erstmals Gelegenheit, künstlerische und wirtschaftliche Interessen und Ziele auszuloten

So wurde Mörbisch zum »Mekka der Operette«

und gegeneinander abzuwägen. Wobei vom Vorstand der Festspiele klar vorgegeben wird, dass Besucherzahlen nicht das primäre Kriterium für die Auswahl eines Stücks sein dürfen. Trotz aller wirtschaftspolitischen und mittlerweile auch tourismuspolitischen Auswirkungen der Seefestspiele Mörbisch wird der kulturpolitische Aspekt somit deutlich in den Vordergrund gestellt. Völlig unabhängig davon haben sich die Festspiele trotzdem zu einer der wichtigsten Einnahmequellen im burgenländischen Tourismus entwickelt. Besucherbefragungen ergeben, dass der Besuch einer Vorstellung, noch vor wenigen Jahren willkommene Ergänzung eines Urlaubs am Neusiedler See, mittlerweile wichtigstes Motiv für Gäste ist, nach Mörbisch zu kommen und das übrige touristische Angebot für einen Kurzurlaub zu nutzen.

Im Jahr 1998 bringt die zweite Inszenierung von Winfried Bauernfeind, diesmal „Der Vogelhändler" von Carl Zeller, ein sehr stimmungsvolles, ja fast romantisches Szenario auf die riesige Seebühne, in dem sich u. a. Sebastian Reinthaller als Adam, Birgid Steinberger als „Christl von der Post" sowie abermals Martina Serafin als Kurfürstin entfalten können. Die Spannung bei der Premiere springt auch auf das Publikum über. Es ist, als ob 4.500 Personen während der ganzen Vorstellung den Atem anhalten.

Für viel Aufregung sorgt ein Kulissenbrand bei einer Vorstellung im August, dem beinahe das im See stehende Schloss Esterházy zum Opfer fällt. In selbstlosem Einsatz kämpfen sich mehrere Mitarbeiter der Festspiele mit Kübeln bewaffnet durch den See bis zur brennenden Kulisse vor und versuchen noch vor Eintreffen der Feuerwehr, den Brand zu löschen. Für das Publikum ist es eine aufregende Ergänzung nach dem Schlussfeuerwerk – viele wissen nicht so recht, ob der Brand nicht doch noch Teil der Inszenierung ist. Zu wahren Publikumslieblingen entwickelt sich bei dieser Produktion das Komikerduo „Muckenstruntz & Bamschabl", das in den Rollen von Süffle und Würmchen für so manchen Lacher während der Vorstellung sorgt.

Aus technischer Sicht bringt „Der Vogelhändler" eine Weltpremiere bei Open-Air-Beschallungen. Erstmals sorgen 60 Lautsprecher an der Hinterkante der Tribüne für einen Raumsimulationseffekt unter freiem Himmel. Besucher und Presse trauen im wahrsten Sinne des Wortes ihren Ohren nicht, welche Klangwolke da über sie niedergeht.

Tonmeister aus ganz Europa reisen schon während der Probenzeit an, um sich von Akustikdesigner Wolfgang Fritz dieses neuartige Beschallungssystem erklären und demonstrieren zu lassen.

Apropos Wolke: „Der Vogelhändler" bringt auch den Beweis dafür, dass Regen während der Vorstellung nicht unbedingt zu Enttäuschung beim Publikum führt. An einem niederschlagsreichen Abend Ende August kommt die Begeisterung der Festspielbesucher ob der Wetterfestigkeit und des Durchhaltevermögens der Künstler auf der Bühne durch endlose Standing Ovations nach dem Ende der Vorstellung zum Ausdruck.

Gag am Rande: Dem Titel der Operette entsprechend, werden zu Beginn des Stücks 25 Brieftauben

… im Hintergrund Operettenmusik. Auf ihr ruht Harald Serafins Lebenswerk

So wurde Mörbisch zum »Mekka der Operette«

aus einem Käfig entlassen, die trotz einbrechender Dunkelheit immer wieder ihren Weg zurück zum heimatlichen „Taubenkobel" finden.

Kaum weniger stimmungsvoll präsentiert sich „Eine Nacht in Venedig" im darauf folgenden Jahr 1999. Ein knapp 20 Meter hoher Campanile, der noch heute dem benachbarten Schifffahrtsunternehmen als Leuchtturm dient, im Walzertakt tanzende Arkaden des Dogenpalastes und eine Originalgondel aus Venedig verwandeln Mörbisch am Neusiedler See kurzfristig in eine pannonische Lagunenstadt, die vom Original kaum mehr zu unterscheiden ist.

Gesteuert wird die Gondel übrigens höchst professionell vom Obmann des „Ersten Wiener Gondelvereins": Der Wiener Steuerberater Dominik Loss rudert das elegante Boot virtuos im Takt der Walzerklänge, weshalb die Festspielleitung kurzerhand beschließt, ihm nach Ende der Festspielsaison die Obhut über die Gondel zu übertragen. Noch heute wird das 25 Meter lange Prunkstück mit viel Stolz und Freude auf der Alten Donau bewegt.

Neben den täuschend realistischen Kulissen, die einmal mehr das herausragende Können von Rolf Langenfass unter Beweis stellen, sorgen langbeinige Revuegirls aus dem Berliner Friedrichstadtpalast für reichlich optische Reize. Die höchst authentische Interpretation des „Schwips-Liedes" durch Ingrid Habermann bringt für den musikalischen Leiter Rudolf Bibl Abend für Abend ein Gratisglas Prosecco mit sich. Getreu dem Motto: „Stoß an, stoß an, du Liebchen mein" – aber das ist eine andere Operette …

Das Jahr 2000 bringt erstmals unter der Intendanz Serafin den Mörbischer Klassiker schlechthin, den „Zigeunerbaron", mit dem dieses Festival 1957 seinen Anfang genommen hat. Allein die Ankündigung des Stücks löst einen bis dato nicht annähernd erlebten Sturm auf das Kartenbüro aus, weshalb sich die Festspielleitung noch im Herbst 1999 dazu entschließt, die Tribüne auf mehr als 6.000 Sitzplätze zu erweitern. Mit der alten Tribüne und den zur Verfügung stehenden Vorstellungsterminen wäre diese Nachfrage nicht einmal annähernd zu befriedigen gewesen.

Heinz Marecek als Regisseur, Magic Christian als „zauberhafter" Berater und der letztmalige Operettenauftritt von Martina Serafin sorgen dafür, dass schlussendlich 200.000 Besucher einen begeisternden Sommer erleben. Mit Harrie van der Plas findet Serafin nicht nur einen stimmlich betörenden Sándor Barinkay, dank Tipps und Tricks des Beraters Magic Christian kann der Hauptdarsteller sogar übers Wasser wandeln und feurige Ringe auf die Bühne zaubern. Einmal mehr ist die Kulisse am Erfolg einer Mörbischer Produktion maßgeblich beteiligt: Als sich das Haus des Schweinezüchters Zsupán in ein funktionierendes Mühlrad samt Schmiedewerkstatt verwandelt, gibt es regelmäßig Szenenapplaus des Publikums.

Leider können in diesem Jahr nicht alle „tierischen" Wünsche des Regisseurs Heinz Marecek erfüllt werden: Das für Zsupán eigens angeschaffte Ferkel macht ein dauerhaftes Engagement durch beharrliches Quieken und sonstige durchaus menschlich anmutende Anzeichen von Panik unmöglich. Letztlich muss ein niedliches Schweinchen aus Schaumgummi und Styropor seine unaufgeregten Dienste tun …

Wesentlich souveräner wirken da schon die anmutigen Husarenpferde aus einem ungarischen Gestüt, die sich nur durch die Kameras während der TV-Aufzeichnung aus der Ruhe bringen lassen. Sie weigern sich nämlich beharrlich, die für sie neuen und ungewohnten Kunststoffabdeckungen der Kamerakabel zu betreten.

Viel einträchtiger als bei der Angelobung der Bundesregierung zeigen sich bei der Premiere im Jahr 2000 Bundespräsident Thomas Klestil und Bundeskanzler Wolfgang Schüssel, die nebeneinander in der ersten Reihe Platz nehmen.

Einen medialen Höhepunkt in der Geschichte der Seefestspiele Mörbisch stellt die Live-Übertragung des „Zigeunerbarons" durch den ORF samt Direktschaltung über NHK nach Japan dar. Organisatorisch und nervlich stellt diese Direktübertragung das Mörbisch-Team vor eine neue Herausforderung. Schließlich muss ohne vorherige Ankündigung bereits um 20.15 Uhr, also eine Viertelstunde früher als gewohnt, mit der Vorstellung begonnen und deshalb das Publikum mit Hilfe von Ordnern und Security in straffer Formation vom Parkplatz zur Tribüne geleitet werden. Außerdem wird die Pause auf Wunsch des ORF auf mehr als 30 Minuten verlängert, was dazu führt, dass das Publikum minutenlang vehement den Wiederbeginn der Operette einfordert. Der Wettergott schreibt an diesem wichtigen Abend sein eigenes Drehbuch: Angekündigte heftige Regenfälle setzen glücklicherweise erst knapp nach Ende der Vorstellung ein und gipfeln in einem Unwetter mit Hagel, das schließlich den Verkehr auf der Verbindungsstraße nach Rust lahmlegt. Wer also zu spät abfuhr, erreichte Rust erst in den frühen Morgenstunden des nächsten Tages.

Um den Besuch in Mörbisch auch gastronomisch zu einem Erlebnis werden zu lassen, errichtet man im Jahr 2000 einen eigenen Restaurantbereich auf dem Festspielgelände, der an Schlechtwettertagen während der Proben auch als regensichere Unterkunft dient.

Das Jahr 2001 lässt die Besucher der Seefestspiele in den Fernen Osten verreisen. Für „Das Land des Lächelns" scheut die Festivalleitung weder Kosten noch Mühen und engagiert junge chinesische Akrobatinnen und Akrobaten aus der Provinzstadt Changsha, einem „kleinen Ort" mit vier Millionen Einwohnern und einer hervorragenden Akrobaten-Ballett-Tanz-Schule. Trotz bestehender Sprachbarrieren, nur wenige dieser jungen Künstler sprechen Englisch, werden über den Sommer echte Freundschaften geschlossen. Durch mehrere Ausflüge an vorstellungsfreien Tagen lernt die hinreißende Truppe Österreich näher kennen, wofür sie sich mit einem tränenreichen Abschied nach der letzten Vorstellung bedankt.

Um den Auftritt der jungen Chinesen authentisch umzusetzen, besorgt man Originalkostüme und Originalrequisiten aus China, die mit riesigen Containern per Schiff nach Europa gebracht werden. Erstmals gelingt es, Requisiten nach einer Produktion

> »›Das Land des Lächelns‹ bringt 2001 Harald Serafins Comeback auf die Operettenbühne, genau zehn Jahre nach seiner Stimmbandoperation kann er erstmals wieder singen ...«

an Sammler und Fans zu verkaufen. Die riesigen Pauken, der chinesische Gong und die Drachen aus chinesischer Seide finden reißenden Absatz.

Für Harald Serafin selbst bringt „Das Land des Lächelns" ein Comeback auf die Operettenbühne: Zehn Jahre nach seiner Stimmbandoperation entschließt er sich zu diesem Schritt auf Anraten von Freunden und nach Forderungen des Mörbischer Publikums.

Der Erfolg ist so groß, dass aus dem ursprünglich einmaligen Vorhaben eine jahrelange Bühnenpräsenz wird. Die Rolle des Fürst Weylersheim in der „Csárdásfürstin" bietet Serafin die Gelegenheit, noch einmal „offiziell" den Gatten von Mirjana Irosch darzustellen, die ihn als Anhilte energisch an seine ehelichen Pflichten erinnert. Natürlich werden auch beim Publikum viele Erinnerungen an vergangene Zeiten wach, als Irosch und Serafin als Hanna Glawari und Graf Danilo hunderte Male in der „Lustigen Witwe" auf der Bühne standen.

Vor echte Probleme stellt die Festspielleitung 2002 der Wasserspiegel des Neusiedler Sees. Bedingt durch akuten Wassermangel kann eine mit Ballettdamen besetzte schwimmende Muschel an manchen Tagen nicht eingesetzt werden, sodass die Tänzerinnen zu Fuß den Weg zu ihrem Auftritt zurücklegen müssen. Wesentlich erfreulicher: Mit dieser Operette erreichen die Festspiele erstmals den absoluten Besucherrekord von 220.000 Zuschauern.

Eine Abkehr vom bisherigen Bühnenbildcharakter bringt „Giuditta" im Jahr 2003, als Rolf Langenfass eine Dünenlandschaft auf die Seebühne zaubert. Dem Publikum werden damit gänzlich neue optische Eindrücke von der Seebühne Mörbisch vermittelt. Als idealer Untergrund für dieses ungewöhnliche Szenario erweist sich der neue Bühnenboden, eine Eigenentwicklung von Technikern der Seefestspiele Mörbisch, die nicht nur zum Patent angemeldet, sondern auch mit einem Theatertechnik-Preis ausgezeichnet wird.

»Spätestens seit dem ›Graf von Luxemburg‹ im Jahr 2006 ist selbst den hartnäckigsten Kritikern klar, dass die Operette so lebendig ist wie noch niemals zuvor.«

„Gräfin Mariza" rangiert auf der Beliebtheitsskala des Mörbischer Publikums gleich nach dem „Zigeunerbaron" an zweiter Stelle. Wahrscheinlich deshalb, weil sich diese Operette durch ihre Handlung und den Schauplatz perfekt in die pannonische Landschaft rund um den Neusiedler See einfügt. Für Dirigent Rudolf Bibl bringt eine Vorstellung der „Gräfin Mariza" anno 2004 eine echte Schrecksekunde: Durch ein technisches Problem bedingt verpasst die halbe Orchestermannschaft nach der Pause den Wiedereinstieg in den Orchestergraben, sodass der zweite Teil des Stücks mit deutlich reduziertem Klangkörper absolviert werden muss.

Hatte Harald Serafin bisher in der „Lustigen Witwe" immer den Danilo gesungen, bringt das Jahr 2005 für ihn eine weitere Premiere auf der Mörbischer Seebühne: Erstmals spielt er nämlich die Rolle des Baron Mirko Zeta, was mit einer ziemlichen Umstellung für ihn verbunden ist. Immer wieder steht er knapp davor, während der laufenden Vorstellung gewohnheitsmäßig in die Rolle des Danilo zurückzufallen, wird davor aber durch die Wachsamkeit seiner Kollegen bewahrt. Dieses Jahr bringt für Sohn Daniel Serafin dessen Debüt auf der Operettenbühne. Zuvor hatte er schon in den Wiener Kammerspielen an mehreren Produktionen mitgewirkt und seine Gesangsausbildung forciert, sodass ihn sein Vater mit der Rolle des Cascada betraut, die er auch zu vollster Zufriedenheit aller ausfüllt.

Eine großartige Rolle spielt einmal mehr das Mörbischer Publikum. Bedingt durch ein technisches Problem während der Fernsehaufzeichnung – ein kurzfristiger Stromausfall legt den Übertragungswagen des ORF lahm – ist die neuerliche Aufzeichnung eines etwa 20-minütigen Ausschnitts nach Ende der eigentlichen Aufführung erforderlich. Die anwesenden Besucher bleiben nicht nur ohne zu murren sitzen, sondern begleiten die Darsteller auf der Bühne bei dieser nicht gerade leichten Übung mit besonders frenetischem Applaus.

„Der Graf von Luxemburg" im Jahr 2006 bedeutet nicht nur die Premiere dieses Stücks auf der Seebühne, sondern auch die Premiere eines Opernregisseurs im Operettenfach: Der Intendant des Stadttheaters Klagenfurt, Dietmar Pflegerl, wagt sich erstmals an eine Lehár-Inszenierung, kann aber bereits auf Erfahrungen mit der Open-Air-Bühne am Wörthersee zurückgreifen. Für die Inszenierung von „Wiener Blut" 2007 engagiert Serafin einen absoluten Weltstar: Maximilian Schell.

Spätestens jetzt ist wohl allen Kritikern klar, dass die Operette so lebendig ist wie noch nie zuvor.

So wurde Mörbisch zum »Mekka der Operette«

LANDESRAT HELMUT BIELER
Präsident der Seefestspiele Mörbisch

»Let's Mörbisch!«

Mörbisch – ein klingender Name in der österreichischen Kulturwelt, das Zentrum der Operette, das Aushängeschild des burgenländischen Kultursommers – feiert seinen 50. Geburtstag. Wir sind im Burgenland sehr stolz auf Operettenproduktionen am See, die Leistungen vorweisen können, die in dieser Dynamik nirgendwo anders auf diesem Qualitätsniveau zustande gebracht wurden.

Die Seefestspiele Mörbisch sind in den letzten Jahren unter der Intendanz von Harald Serafin zu einem Publikumsmagneten der Sonderklasse geworden und heute das „weltgrößte Open-Air-Operettenfestival". Operette kann man auf einer Freiluftbühne einfach nicht mehr besser machen.

Wir können zu Recht heute sagen: Die Seefestspiele Mörbisch haben sich zu einer kulturellen Visitenkarte für ganz Österreich und zu einer unschätzbaren Kulturinstitution des Burgenlandes entwickelt!

Verantwortlich für diesen Höhenflug sind einerseits Investitionen, durch die wir in Mörbisch beste Voraussetzungen für Operettenproduktionen schaffen konnten. Licht- und Tontechnik sind modernisiert worden, Bühne und Festivalgelände sind ausgebaut worden, die Tribüne wurde von 4.500 auf über 6.400 Sitzplätze erweitert.

Andererseits aber brauchten wir für diesen Erfolg auch „Glück". Wir hatten das Glück, mit „Mr. Wunderbar" Harald Serafin einen Menschen für die Idee der Operette am Neusiedler See zu finden, der als Galionsfigur schlechthin sich mit dem Produkt „Operette" auf eine Weise identifiziert, die nicht zu überbieten ist. Die Seefestspiele Mörbisch werden mit seinem Namen und er mit den Seefestspielen Mörbisch verbunden.

Dafür danke ich Prof. Harald Serafin ganz besonders. Mein spezieller Dank gilt aber auch dem Team der Seefestspiele, Geschäftsführer Dietmar Posteiner und seiner Crew. Sie alle tragen durch ihre Arbeit dazu bei, dass wir auch in den kommenden Jahren wieder sagen können: „Let's Mörbisch!"

Landesrat Helmut Bieler

Promis als Stammgäste

ALLE JAHRE WIEDER IST DIE PREMIERE DER SEEFESTSPIELE MÖRBISCH FIXPUNKT IN DEN TERMINKALENDERN DER PROMINENZ AUS POLITIK, KULTUR, WIRTSCHAFT UND MEDIEN. TROTZ ODER GERADE WEGEN DER GEFAHR, VOM HAUSHERRN BEI DER BEGRÜSSUNG EIN WENIG AUF DIE SCHAUFEL GENOMMEN ZU WERDEN.

Es gehört zum Erfolgsrezept jedes großen Events: Eine möglichst glanzvolle und aufregende Eröffnung. Je illustrer die Gästeschar bei der Premiere, umso prominenter ist der Ruf des Festivals, umso lauter tönt das Echo der Medien. Die Autoren der diversen Gesellschaftsrubriken beantragen bei den Redaktionskonferenzen Extraplatz für ihre Premierenberichte aus Mörbisch, denn „Sehen und Gesehenwerden" steht hier an erster Stelle, und die Fernsehstationen werfen ausgiebigst ihre diversen Seitenblicke. Das nennt man Public Relations, für ein Festival lebensnotwendige Öffentlichkeitsarbeit.

Harald Serafin hat auch in dieser Hinsicht in Mörbisch mehr als ganze Arbeit geleistet. So wie er überhaupt, wäre er kein Gesangstalent, wohl alle Qualifikationen für einen Spitzenmanager und ein PR-Genie in sich vereinigt hätte.

„Bilde eine Clique!", hat Otto Schenk ihm einmal geraten. Die Clique der treuen Mörbischer Premierengäste hat mittlerweile kaum vergleichbare Ausmaße angenommen.

Hier wird auf höchster Ebene geplaudert und gescherzt, hier werden Freundschaften ebenso gepflegt wie geschäftliche Verbindungen. Das Interesse und die Stimmung sind lebhaft wie überall, wo die Stars der Unterhaltungsszene mit denen aus der hohen Politik Gedankenaustausch pflegen können.

Auf den folgenden Seiten soll Ihnen ein kleiner Überblick über das alljährliche Aufgebot an Promis im Premierenpublikum geboten werden, natürlich ohne Anspruch auf Vollständigkeit, denn diesen zu erfüllen wäre rein platzmäßig ein Ding der Unmöglichkeit gewesen!

Legendär: Harald Serafins Begrüßung bei der Premiere

Gehören zu den treuesten Premierengästen: Burgenlands Landeshauptmann Hans Niessl, im Bild links mit Gattin Christine, und Alt-Bundeskanzler Dr. Franz Vranitzky mit Gattin Christine

Promis als Stammgäste

Bundeskanzler Dr. Wolfgang Schüssel mit Gattin Gigi (M.), Unterrichtsministerin Elisabeth Gehrer (r.),
im Hintergrund – ähnlich gut gelaunt – NÖ Landesrat Ernest Gabmann

Führt 2007 Regie: Maximilian Schell mit Tochter und Galeristin Elisabeth Michitsch

Nicht nur Gast, sondern 1992 auch Bühnenbildner: Gottfried Kumpf mit Gattin Guni

Promis als Stammgäste

Erfolgsduo: Landesrat Helmut Bieler, Präsident der Seefestspiele Mörbisch (l.), mit „seinem" Intendanten. Unter diesem Führungsduo haben die Seefestspiele ihren bisherigen Höhepunkt erreicht

Familienministerin Maria Rauch-Kallat (l.), Festspiel-Vizepräsident Landeshauptmann-Stellvertreter Mag. Franz Steindl (M.) mit Ehepaar Ingeborg und Harald Serafin (r.)

Promis als Stammgäste

„Kanzlertreffen" in Mörbisch: Dr. Fred Sinowatz (r.) und Dr. Franz Vranitzky (l.)

Eine Bühne auch für Präsidenten: Dr. Thomas Klestil mit Gattin Margot Löffler

„Schulterschluss" mit Staatssekretär Franz Morak

Vertrauter Anblick: volles Haus – nicht nur bei der Premiere – und Serafins heitere Verbalattacken

Ein schmunzelndes Kanzler- und Präsidentenehepaar

Minister Werner Fasslabend und Gattin Martina, Staatssekretär Franz Morak

Liebt Mörbisch: Yvonne Kálmán

Minister Herbert Scheibner (l.), Karl-Heinz Grasser (r.)

Promis als Stammgäste

„Ergreifend": die Begrüßung von Alt-Bundespräsident Dr. Kurt Waldheim

Harmonisches Duo: Geschäftsführer Dietmar Posteiner
mit Ex-Festspielpräsidentin Dr. Christa Prets

Anwaltsgattin Elisabeth Sturm-Bednarczyk mit Ingrid Flick

„Kultur pur": Lotte Tobisch, Dr. Josef Kirchberger, Hilde Hawlicek

AWD-Geschäftsführer & Sponsor: Wilhelm Zsifkovits (M.)

Gab entscheidende Tipps gegen Gelsen: DDr. Antal Festetics (r.)

Promis als Stammgäste

Karl Moik (M.) brachte seinen „Musikantenstadl"
auch an die Seebühne

„Unterhaltungsabteilung": Medienmanager Hans Mahr
mit Sohn (l.), Nachtklubkönig H.W. Schimanko mit Gattin

„Dreimäderlhaus": Guggi Löwinger (l.), Lotte Tobisch (M.)
und Brigitte Neumeister (r.)

Serafins mit ORF-Kulturlady Margit Czöppan (M.)

Holten Serafin (r.) ins Burgenland: LH Karl Stix (l.), Dr. Franz Vranitzky (M.) …

… und Ex-Festspielpräsidentin Dr. Christa Krammer, hier mit Bgm. Martin Sommer und Heinz Holecek

Promis als Stammgäste

Bewundernde Blicke von Sandra Cervik
und Herbert Föttinger

Max und Gundula Schautzer, Christine und Endre Esterházy

Treue Sponsorpartner: Gen.-Dir. KR Anton Wandl,
Römerquelle …

… und OMV-General Dr. Richard Schenz mit Gattin

1_Harald Serafin mit Edgar Böhm und Gattin 2_Mit „Josefstädterin" Ulrike Beimpold 3_Mit ORF-Zampano Elmar Oberhauser 4_Mit Sängerkollegin Sona Ghazarian, die ebenfalls in Mörbisch gesungen hat 5_Mit dem steirischen ORF-Landesdirektor Dr. Günther Ziesel 6_Wiener Kulturstadtrat „spioniert" im Burgenland: Dr. Andreas Mailath-Pokorny 7_Ioan Holender mit Sohn Livio, einem deklarierten Operetten-Fan

Promis als Stammgäste

8_Mit OeNB-Gouverneur Dr. Klaus Liebscher 9_Ehepaar Ellen und Dieter Oehms, CD-Produzent der Seefestspiele
10_Vera Russwurm mit Tochter 11_Dr. Leo Wallner, ebenfalls Festspielförderer, Dr. Benita Ferrero-Waldner,
Ernst Wolfram Marboe 12_Helene van Damm und Jürgen Wilke 13_Hollywood-Regisseur und Schauspieler Leon Askin

Dokumentiert die Nähe von Musical und Operette: jährlicher Besuch von Peter und „Mausi" Weck

Machte die Seefestspiele mobil: KR Eduard Hamersky (l.), Porsche Austria, mit Gattin (r.)

Promis als Stammgäste

Operettenzauberer unter sich …

Erfolg verbindet: DJ Ötzi, MAGNA-CEO Siegfried Wolf

"Operettenzauberer": Dirigent Rudolf Bibl, Guggi Löwinger, Harald Serafin, Peter Minich (v.l.n.r.)

Petra-Maria Schnitzer, Kammersänger Peter Seiffert, Daniel und Harald Serafin

Generaldirektor Franz Häußler, Direktor Rudolf Berger und Harald Serafin

Im Wandel der Zeiten

UNTER DER INTENDANZ SERAFIN BLEIBT IN MÖRBISCH KEIN STEIN AUF DEM ANDEREN: DIE ALTEN, MORSCHEN HOLZTRIBÜNEN MÜSSEN EINER ZEITGEMÄSSEN BETONKONSTRUKTION WEICHEN.

Eine Vision wird Wirklichkeit …

… die Stützen für die neuen Tribünen werden hochgezogen …

… tausende neue Sitzplätze werden geschaffen …

… mit der traditionell so geliebten Aussicht auf den See …

LANDESHAUPTMANN-STV. MAG. FRANZ STEINDL
Vizepräsident der Seefestspiele Mörbisch

Fünfzig Jahre

50 Jahre Mörbisch waren geprägt von bescheidenen Anfängen, schwierigen Situationen und großen Erfolgen. Diese sind untrennbar mit dem Namen Harald Serafin und seiner 15-jährigen Intendanten-Tätigkeit verbunden.

In den 1960er Jahren freuten sich die Organisatoren über 20.000 Besucher, 1986 konnten mehr als 50.000 Besucher begrüßt werden. 1993, im ersten Intendanz-Jahr von Harald Serafin, wurde ein Rekordwert von 67.000 Besuchern verkündet, und seither sind die Besucherzahlen Jahr für Jahr stetig gestiegen. Mittlerweile konnte die 200.000er-Marke übersprungen werden.

Diese Bilanz zeigt auch, dass sich Tourismus und Kultur im Burgenland zu starken Partnern entwickelt haben. Gemeinsam schaffen sie wirtschaftliches Wachstum und Arbeitsplätze. Es wäre aber sicher eine verkürzte Sichtweise, wenn man Kunst und Kultur ausschließlich unter wirtschaftlichen Parametern betrachten würde.

Kunst und Kultur sind auch wichtige Instrumente, um den Bekanntheitsgrad einer Region zu erhöhen und ein positives Image aufzubauen. Das ist in Mörbisch in den letzten 50 Jahren sukzessive, kontinuierlich und auf eindrucksvolle Art und Weise gelungen.

Aus Sicht des Burgenlandes darf ich sagen, Harald Serafin war ein Glücksgriff für die Seefestspiele Mörbisch. Er ist eine Persönlichkeit, die mit Charme und Hartnäckigkeit unbeirrbar ihre Ziele verfolgt, das Ganze nie aus den Augen verliert und kühne Pläne schlussendlich auch umsetzt.

In diesem Sinne gratuliere ich zu 50 Jahre Seefestspiele Mörbisch und zu 15 Jahre Intendanz Harald Serafin. Mit dem vorliegenden Bildband ist jedenfalls eine eindrucksvolle Dokumentation dieser fünf Jahrzehnte gelungen.

Landeshauptmann-Stellvertreter Mag. Franz Steindl

Blick hinter die Kulissen

»WIE ENTSTEHEN SOLCHE THEATERPRODUKTIONEN EIGENTLICH?«, WIRD SICH DER EINE ODER ANDERE VON IHNEN VIELLEICHT SCHON GEFRAGT HABEN. TATSÄCHLICH HANDELT ES SICH VON DER AUSWAHL DES STÜCKES BIS ZUR FERTIGEN VORSTELLUNG UM EINEN HÖCHST KOMPLEXEN PROZESS.

Künstlerisch, finanziell und organisatorisch wird das ganze Jahr über praktisch nonstop unter höchstem Druck gearbeitet. Nach der Premiere ist vor der Premiere. Kaum ist eine Spielzeit zu Ende, wird bereits an der nächsten Produktion gebastelt und gefeilt. Das künstlerische Leading Team wird ebenso unter Vertrag genommen wie Sängerinnen und Sänger unter die Lupe, um für die jeweilige Rolle die optimale Besetzung zu finden.

Die Gesangsstimme ist zwar wichtige Voraussetzung, dennoch gilt: Stimme allein reicht für die Operette nicht. Das darstellerische Können, Charme, Witz und Bewegungsgefühl sind mindestens ebenso gefragt, um die jeweilige Rolle perfekt zu verkörpern.

Die Werbetrommel muss ein Jahr im Vorhinein gerührt, die finanziellen Rahmenbedingungen müssen abgesteckt, Bühnenbilder und Kostüme entworfen und in Auftrag gegeben werden. Ganz nebenbei produziert man in Mörbisch von jeder Operette auch eine CD und DVD und kümmert sich intensiv um seine Sponsoren.

Das eigentliche Team der Intendanz der Seefestspiele Mörbisch ist ebenso klein wie schlagkräftig und besteht aus lediglich elf Personen. Nur im Sommer, während der eigentlichen Festspielsaison, steigt die Anzahl der MitarbeiterInnen und Ensemblemitglieder auf mehr als dreihundert.

Um Ihnen Impressionen vom Entstehen einer solchen Festspielproduktion zu vermitteln, haben die Seefestspiele Mörbisch ihr Fotoarchiv, das auch viele private Schnappschüsse enthält, geöffnet.

Und wie man sieht: Trotz Probenstress und teilweise brütender Hitze auf der Seebühne kommen auch eine gewisse ausgelassene Ferienstimmung und – last but not least – auch der Humor nicht zu kurz!

Ein Bild mit Symbolcharakter: Harald Serafin hat die Seefestspiele Mörbisch gleichsam aus dem Wasser gezogen

Besonders kreativer Geist der Seefestspiele: Rolf Langenfass.
Seine Bühnenbilder …

… und Kostüme begeistern seit 1993 die Massen

Blick hinter die Kulissen

Auch „Betriebsausflüge" werden organisiert, vornehmlich mit Bussen im
„Seefestspiele Mörbisch"-Design

Sponsoren sind unverzichtbarer Bestandteil des Erfolgspaketes: Festspielpräsident
LR Helmut Bieler und Porsche-Austria-Geschäftsführer Heinz Slesak (vorne l. u. r.) mit
Geschäftsführer Dietmar Posteiner (l.) und Harald Wöltzl (Porsche Austria)

Ballett-Einstudierung à la Giorgio Madia: Schmunzeln erlaubt …

Mit Sponsoren und deren Vertretern auf der Rennstrecke: Rudi Stohl, Ernst und Beppo Harrach, Stephan Paryla, Helmut Bieler, Michael Suttner, Dietmar Posteiner, Richard Dvorak und Gerhard Gucher beim ÖAMTC-Karting in Teesdorf

Blick hinter die Kulissen

Unbeobachtete Momente unter der Sonne von Mörbisch …

Anbetungswürdig: Choreograf Giorgio Madia

Was ist denn da verrutscht? Dagmar Schellenberger

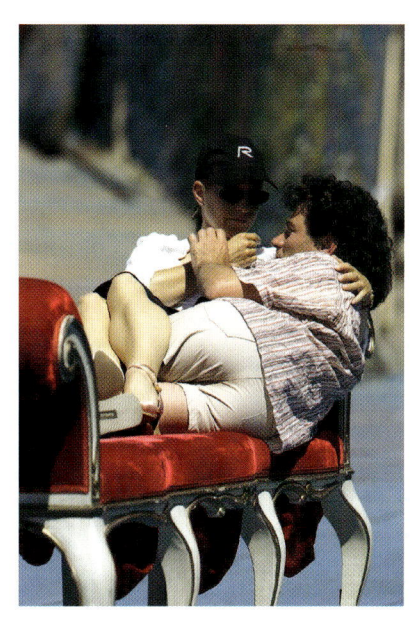

Eng umschlungen: Julia Bauer und Marko Kathol

Regiesitzung „unter freiem Himmel", aber unter großem Sonnenschirm: Michael Eibl, Thomas Piffka, Harald Serafin, Dietmar Pflegerl, Gesa Hoppe und Michael Suttner (v.l.n.r.)

Blick hinter die Kulissen

Gute Laune gehört bei einem Sommerfestival dazu

„Ja, ich schäme mich!" – Harald Serafin, Regieassistent Michael Eibl, Regisseur Dietmar Pflegerl

Sportlich fit trotz Zigarette: Helmuth Lohner an der Ballettstange

Blick hinter die Kulissen

Die »harten« Bretter, die die Welt bedeuten …

Das Leben auf der Bühne kann …

… manchmal ganz schön …

… gefährlich sein: Bernd Ander auf und unter der Schaukel

Programmheft als Hitzeschutz und Kopfschmuckattrappe: Gesa Hoppe

Blick hinter die Kulissen

Hauptsache, gut behütet …

„Was soll ich bloß machen?" Helmuth Lohner ohne Schirm, dafür mit viel Charme – und Melone

„Ich muss noch unter die Haube!" – Marko Kathol leidet unter seiner Dauerwellen-Prozedur

Marika Lichter bringt selbst einen Harald Serafin zu Fall und sein Herz zum Rasen, Stephan Paryla und Franz Leitner eilen zu Hilfe

Blick hinter die Kulissen

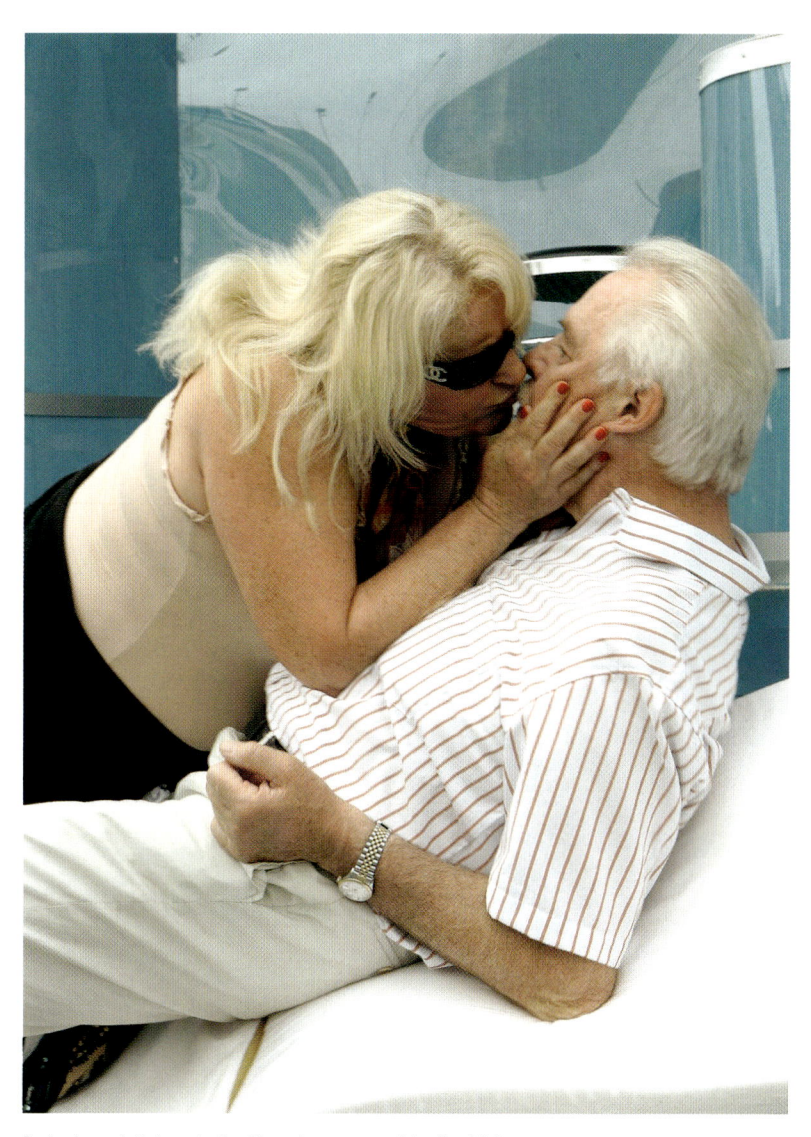

Beinah erdrückend: die Zuneigung von Marika Lichter

Auch das ist Product Placement: Helmuth Lohner, beschwipst von Römerquelle

Blick hinter die Kulissen

Allerhand Faxen …

„Danilo" Mathias Hausmann unter der süßen Last von „Witwe" Ursula Pfitzner

Hoffentlich ist bald Pause! Helmuth Lohner in „Nöten" – bemitleidet von Elisabeth Starzinger und Alfred Sramek

Schon bei den Proben ist voller körperlicher Einsatz gefragt: Marko Kathol „umschwirrt" Ursula Pfitzner

Blick hinter die Kulissen

„Um Himmels willen!" – Entsetzen bei Serafin und Pflegerl

Probenpausen werden zur Weiterbildung genützt

„Leidenschaftlicher Irrtum": Marko Kathol küsst Gerhard Ernst, beargwöhnt von der verschmähten Ursula Pfitzner

Schweres Kaliber: Harald Serafin und Light-Designer Friedrich Rom auf dessen Harley-Davidson

Blick hinter die Kulissen

„Tonmeisterlich": Wolfgang Fritz, Akustikdesigner in Mörbisch und Bregenz

Wer sagt, dass Choreografen kalorienbewusst essen müssen? Giorgio Madia macht dem Ballett Beine

„Reim di oder i frieß di":
Helmuth Lohner kiefelt am Manuskript

Regisseur Heinz Marecek:
von der „Lindenstraße" zur Schilfpromenade

Begnadete Körper – Ballettproben sind Knochenarbeit

„Ja, wo ist sie denn nur?" Michael Suttner sucht seine Partnerin

… und bist du nicht willig, so brauch ich Gewalt: Marko Kathol schleppt Anja-Nina Bahrmann ab

Blick hinter die Kulissen

Nicht alles, was alt ist, ist gut: Stephan Paryla kämpft mit den technischen Tücken seines Oldtimer-Motorrades

Hoch das Bein! – Die junge Akrobatin aus China nützt eine Verschnaufpause zum Dehnen

Über den Dächern von Paris: Die Arbeiten an den Kulissen verlangen Schwindelfreiheit und Stehvermögen

Rudolf Bibl mit „seinem Orchester" und Orchestermanager Rudolf Buchmann

Blick hinter die Kulissen

In luftigen Höhen: Für attraktive Schnappschüsse schnuppert ein Fotograf schon mal Höhenluft

Karina, Michael und Edith beim Denken und Planen

„Nun zier dich doch nicht so!" – Harald Serafin auf der Pirsch nach Ana-Maria Labin

1_Hektik unter den Maskenbildnern: Viele Köpfe wollen frisiert, viele Gesichter geschminkt werden 2_Ein Sommer kann auch kühl und regnerisch sein 3_Von Regisseur Lohner persönlich auf Händen getragen … 4_Sommerliche Mörbischer Herrenmode 5_„Ihr kriegt mich doch nicht!" – Giorgio Madia 6_Marko der Sonnenanbeter 7_Wenn's zu heiß wird, legt man sich in den Bühnenpool oder … 8_… gießt sich Wasser über den Kopf oder … 9_… greift ladylike zum Sonnenschirmchen aus weißer Spitze

Blick hinter die Kulissen

10_ und 11_ Das Bemalen der Kulissen aus allen Perspektiven 12_ „Sitzung" der Regieassistenten: Wie geht's denn weiter im Stück? 13_ „Nun sei doch nicht so traurig!": Markus tröstet Assistentin Elisabeth 14_ Farbenspiel: Der Kopfschmuck fürs Ballett ist prächtig und bunt 15_ Ein Küsschen in Ehren: Mirjana Irosch (r.) und Markus Werba (l.) 16_ Seefestspiele auf großer Tour: Auch Brummis machen Werbung für Mörbisch 17_ Planungsgespräch zwischen Harald Serafin und dem technischen Leiter Werner Loidolt 18_ Küsst schon wieder: Mirjana Irosch (M.), diesmal Helmuth Lohner (l.), Harald Serafin schaut zu …

Bilder in der Seelandschaft

IMMER MIT SPANNUNG ERWARTET: DAS BÜHNENBILD DER SEEFESTSPIELE MÖRBISCH. DIE OPTIK EINER PRODUKTION IST ENTSCHEIDEND FÜR DEN GESAMTEINDRUCK, DEN DAS PUBLIKUM VON SEINEM BESUCH MIT NACH HAUSE NIMMT.

Vor allem bei Operetten kommt der Ausstattung, also dem Bühnenbild und den Kostümen, besondere Bedeutung zu. Eine Open-Air-Bühne mit den riesigen Ausmaßen, wie man sie in Mörbisch findet, stellt an jeden Ausstatter höchste Anforderungen an Kreativität und technisches Verständnis. Unter freiem Himmel geht es nicht nur um den optischen Eindruck einer Szenerie, sondern auch darum, dass die Kulissen Wind und Wetter zu trotzen haben. Entsprechend aufwändig sind die Konstruktionen der Bühnenbildteile, um im Ernstfall auch einem Gewitter am See standzuhalten. Geprägt wurde die Charakteristik der Mörbischer Bühnenbilder in früheren Zeiten vor allem von Pantelis Desyllas und Karl Eugen Spurny, der Intendanz Harald Serafin drückte Rolf Langenfass seinen optischen Stempel auf. Wie kaum einem anderen gelang es ihm, die Schauplätze einer Operette in das Ensemble aus See und Schilfgürtel zu integrieren. Die dadurch gezeichneten Stimmungsbilder waren nicht zuletzt verantwortlich für die Erfolge der letzten Jahre.

Rundblick über die Mörbischer Arena – die Besucher genießen 2002 den Ausblick auf die Kulisse von „Die Csárdásfürstin"

Einmaliger Blickwinkel: die riesige Tribüne aus der Luft gesehen

Bilder in der Seelandschaft

Die Flugaufnahme zeigt, dass sich das Festspielgelände trotz seiner Ausmaße harmonisch in die Bucht von Mörbisch fügt

Bilder in der Seelandschaft

Dorfidylle unter Palmen: „Giuditta" (2003)

Der erste Dampfer auf dem Neusiedler See …

Bilder in der Seelandschaft

Für die Inszenierung der „Csárdásfürstin" lässt Rolf Langenfass 2002 sogar die „Titanic" in sein Bühnenbild einlaufen

BB: Rolf Langenfass

Original oder Kopie? Der Markusplatz samt Campanile und Markusdom für „Eine Nacht in Venedig" (1999)

Bilder in der Seelandschaft

Nachtklubatmosphäre in der „Lustigen Witwe" (2005)

„Der Bettelstudent" (1995): eine Nachbildung des Marktplatzes in Krakau

BB: Rolf Langenfass

»Mein idealer Lebenszweck
ist Borstenvieh und Schweinespeck ...«

Bilder in der Seelandschaft

DER Mörbischer Klassiker schlechthin: „Der Zigeunerbaron", hier in der Langenfass-Interpretation von 2000

Paris am Neusiedler See mit Ausblick auf Montmartre: „Die Lustige Witwe" (2005)

Bilder in der Seelandschaft

„Der Graf von Luxemburg" – Pariser Künstlerleben in burgenländischer Abendstimmung (2006)

Harald Serafins Intendanz-Debüt im Bühnenbild von Rolf Langenfass: „Die Lustige Witwe" (1993)

Asiatisches Flair im pannonischen Raum

Bilder in der Seelandschaft

Die Chinesische Mauer quert den Neusiedler See: „Das Land des Lächelns" (2001)

Die Zuschauertribüne aus der Perspektive der Mitwirkenden auf der Bühne bei „Die Csárdásfürstin" (2002) …

Bilder in der Seelandschaft

Paris – ein Fest fürs Leben: „Der Graf von Luxemburg" (2006)

… und „Das Land des Lächelns" (2001): Langenfass stellt die chinesische Armee der tönernen Soldaten auf die Seebühne

Abendstimmung am Canale Grande – oder doch am Neusiedler See?

„Wenn es Nacht wird am Campanile …": „Eine Nacht in Venedig" (1999)

BB: Rolf Langenfass

Bilder in der Seelandschaft

„Komm in die Gondel":
Marc Clear, Ingrid Habermann,
und Christian Baumgärtel

BB: Rolf Langenfass

So stimmungsvoll können Theaterkulissen sein …

BB: Rolf Langenfass

Erfolgsrezept Mörbisch: ein faszinierendes Bühnenbild („Giuditta" 2003) …

Bilder in der Seelandschaft

… gemixt mit frivolem Temperament und …

… Romantik: Thomas Piffka, Marion Costa

Markus Heinrich und Julia Bauer

Natalia Ushakova und Mehrzad Montazeri

Jeder Operette ihr Etablissement: das »Tabarin« in »Gräfin Mariza«

BB: Rolf Langenfass

Besonders beliebt: die opulenten Ballettszenen

Bilder in der Seelandschaft

Nikolai Schukoff und Dagmar Schellenberger
(„Gräfin Mariza")

Ursula Pfitzner und Thomas Piffka

Die pontevedrinische Gesandtschaft in Paris – „Die Lustige Witwe" (2005)

Bilder in der Seelandschaft

Auch die Natur trägt ihren Teil zum einzigartigen Ambiente der Seebühne bei

„Der Graf von Luxemburg" (2006): Bei Sigrid Hauser stehen die Verehrer Schlange

Margarita De Arellano (l.), Mathias Hausmann (r.) in „Die Lustige Witwe" (2005):
Was sich liebt, das neckt sich …

Bilder in der Seelandschaft

Jede Operette ist eine Mischung aus Liebe, Temperament und Humor und damit ewig aktuell …

Hier ist gut ruhen: Margarita De Arellano, Mathias Hausmann

Besonders begehrt, nicht nur als „Witwe": Ursula Pfitzner

„Die Fledermaus" (1996): Die Handlung verlegte man kurzerhand nach Baden und das Casino Baden in den See

Bilder in der Seelandschaft

… und noch ein Mörbisch-Klassiker:
»Die Fledermaus«

Erfolgreiches Brüderpaar: Peter und Paul Armin Edelmann

Alfred Sramek im Gefängnis, umringt vom Rattenballett

Echte Stimmungsmacher …

… sind die Grisetten mit ihrem erotischen und farbenprächtigen Cancan in „Die Lustige Witwe" 2005 (o.)

… sowie das traditionelle Schlussfeuerwerk, seit einigen Jahren mit musikalischer Untermalung

BB: Rolf Langenfass

Der beneidenswerte Intendant und „sein" Ballett – „Der Graf von Luxemburg" (2006)

Bilder in der Seelandschaft

Die Bühnenpräsenz der Serafins

Martina Serafin in „Pariser Leben" (2003): Sie hat die Bühnenpräsenz von ihren Eltern geerbt

*»Ja, das Schreiben und das Lesen
ist nie mein Fach gewesen …«*

… das Küssen mit Kammersängerin Mirjana Irosch (r.) schon eher: Götz Zemann (l.)
als Conte Carnero in „Der Zigeunerbaron" (2000)

Bilder in der Seelandschaft

Drei „Saffis": Elena Pankratova (l.), Martina Serafin (M.), Liuba Chuchrova (r.)

Tiere bilden immer ein spektakuläres Element der Mörbischer Inszenierungen

Christine Bath, Heinz Zednik und Sigrid Martikke

Mehrere Operettengenerationen gemeinsam auf der Bühne

Harrie van der Plas (l.) und Martina Serafin …

… sowie Sigrid Martikke in „Der Zigeunerbaron" (2000)

Bilder in der Seelandschaft

Unter den stilisierten Stützen des Eiffelturms: buntes Treiben auf dem Bahnhof in „Pariser Leben" (1997)

Das sind „die Weiber" …

… denen die Männer den (Weiber-)Marsch blasen: „Die Lustige Witwe" (2005)

Bilder in der Seelandschaft

„Darf ich vorstellen? Mein Sohn Daniel." Auch er ist vom Theatervirus infiziert

Harmonisch eingebettet in die pannonische Tiefebene: das Gelände der Seefestspiele Mörbisch

Chronik

Chronik

ES WAR EINE DURCHAUS BEWEGTE GESCHICHTE: IN DEN 50 JAHREN IHRES BESTEHENS HABEN DIE SEEFESTSPIELE MÖRBISCH ALLE HÖHEN UND TIEFEN EINES THEATERBETRIEBES DURCHLEBT.

Dazu gehörten die Euphorie und der Pioniergeist der Gründerzeit ebenso wie die wirtschaftlichen Probleme unter der Leitung von Teletheater oder die künstlerische Enttäuschung mit einer erfolglosen Musical-Weltpremiere.

Unter Harald Serafin feierten die Festspiele eine glanzvolle Wiederauferstehung, die sogar eine allgemeine Renaissance der Operette einleitete.

Heute gehört Mörbisch zu den etablierten Musikfestivals Europas und gilt als DIE Pflegestätte dieser urösterreichischen Musikgattung.

Das Publikum honoriert die authentische Interpretation der Wiener Operette mit Beifall und treuem Besuch. Die Gäste kommen dabei nicht nur aus allen österreichischen Bundesländern, sondern auch aus dem benachbarten Ausland. Der Grund? Es gibt europaweit keine vergleichbare Institution.

1957

„DER ZIGEUNERBARON" — JOHANN STRAUSS

ML: Karl Winkler
I: Erwin Euller
B: Kurt Ekelhart
K: Gisela Bossert
Ch: Steffy Preisinger

Homonay: Franz Brenn
Barinkay: Fritz Silberbauer
Arsena: Friedl Riegler
Ottokar: Fritz Berger
Saffi: Berti Mandl
Józsi: Josef Paar
Mihály: Tobias Lang
Seppl: Marina Alsen
Ein Knecht: Michael Wenzl
Carnero: Maximilian Kobale

Zsupán: Franz Glawatsch
Mirabella: Polly Batic
Czipra: Gertrud Burgsthaler
Pali: Herbert Halwax
Ferko: Franz Sommer
Istvan: Johann Lang
Miksa: Hermann Sommer

1.200 Plätze

1957 werden die Seefestspiele Mörbisch mit dem „Zigeunerbaron" eröffnet

1957–1960

1958

„DER ZIGEUNERBARON" — JOHANN STRAUSS

ML: Heinz Lambrecht
I: Erwin Euller
B: Ferry Windberger/ Kurt Ekelhart
K: Gisela Bossert
Ch: Steffy Preisinger

Homonay: Franz Brenn
Barinkay: Karl Friedrich
Arsena: Adelina Rühm-Gallert
Ottokar: Alfred Scherhaufer
Saffi: Dorothea Schlösser
Józsi: Josef Paar
Mihály: Martin Sommer
Seppl: Marina Alsen
Ein Knecht: Michael Wenzl
Carnero: Wolfgang Hackenberg

Zsupán: Franz Glawatsch
Mirabella: Polly Batic
Czipra: Gertrud Burgsthaler
Pali: Tobias Lang
Ferko: Franz Sommer
Istvan: Johann Lang
Miksa: Hermann Sommer

1.500 Plätze

Der See wird von Beginn an in die Mörbischer Inszenierungen integriert

Zeichenerklärung:
ML: Musikalische Leitung
I: Inszenierung
B: Bühnenbild
K: Kostüme
Ch: Choreografie

1958: Elfriede Ramhapp und Hans Hollmann in „Eine Nacht in Venedig"

1957–1960

1958

„EINE NACHT IN VENEDIG" — JOHANN STRAUSS

ML: Franz Bauer-Theussl
I: Fritz Diestel
B: Ferry Windberger
K: Gisela Bossert
Ch: Richard Novotny

Guido: Helge Rosvaenge
Barbaruccio: Walter Oberhuber
Confusio: Eduard Brosch-Schorp
Agricola: Gertrud Burgsthaler
Notburga: Grete Schorp
Petronilla: Margaret Wenzl
Annina: Berti Mandl
Pappacoda: Herbert Prikopa
Piselli: Hans Karl Hollmann
Balbi: Johann Lang

Delacqua: Franz Glawatsch
Testaccio: Wolfgang Hackenberg
Porticci: Franz Sommer
Constantia: Liselotte Reinprecht
Theodolinda: Maria Stoiber
Barbara: Elfriede Ramhapp
Caramello: Josef Maschkan
Ciboletta: Adelina Rühm-Gallert
Centurio: Marina Alsen
Peppino: Karl Fukatsch

1.500 Plätze

Helge Rosvaenge (r.) frühstückt in charmanter Begleitung auf der Terrasse des Seehotels

---

Zeichenerklärung:
ML: Musikalische Leitung
I: Inszenierung
B: Bühnenbild
K: Kostüme
Ch: Choreografie

1959

„DER ZIGEUNERBARON" — JOHANN STRAUSS

ML: Franz Bauer-Theussl/
Wilhelm Pietschnigg
I: Ernst Pichler
B: Kurt Ekelhart/
Ferry Windberger
K: Gisela Bossert

Homonay: Karl Heinz Tuttner
Barinkay: Helmut Meinokat
Arsena: Adelina Rühm-Gallert
Ottokar: Alfred Scherhaufer/
Josef Maschkan
Czipra: Gertrud Burgsthaler
Pali: Herbert Halwax
Ferko: Franz Sommer
Istvan: Hans Lang
Miksa: Michael Wenzl
Carnero: Wolfgang Hackenberg

Zsupán: Beppo Louca/Franz Glawatsch
Mirabella: Elisabeth Fez
Saffi: Gretel Hartung
Józsi: Josef Paar
Mihály: Tobias Lang
Seppl: Marina Alsen
Ein Knecht: Hermann Sommer

3.000 Plätze

1959

„GRÄFIN MARIZA" — EMMERICH KÁLMÁN

ML: Franz Bauer-Theussl/
Wilhelm Pietschnigg
I: Ernst Pichler
B: Ferry Windberger
K: Gisela Bossert
Ch: Kurt Steigerwald

Mariza: Gretel Hartung
Zsupán: Harry Friedauer
Lisa: Ina Dressel
Liebenberg: Hannes Houska
Penizek: Rudolf Carl
Manja: Gertrud Burgsthaler
Populescu: Beppo Louca
Tassilo: Erwin V. Gross
Ilka: Nessy Bree
Fürstin Bozena: Else Rambausek

Tschekko: Wolfgang Hackenberg
Berko: Marci Höldösy

3.000 Plätze

1957–1960

1960

„DER ZIGEUNERBARON" — JOHANN STRAUSS

ML: Franz Bauer-Theussl/ Wilhelm Pietschnigg
I: Ernst Pichler
B: Kurt Eckelhart
K: Gisela Bossert
Ch: Nessy Schultz von Eulenburg

3.000 Plätze

Homonay: Karl Heinz Tuttner
Barinkay: Helmut Meinokat
Arsena: Maria Kowa
Ottokar: Josef Maschkan
Saffi: Nassja Berowska
Carnero: Wolfgang Hackenberg
Zsupán: Beppo Louca
Mirabella: Elisabeth Fez
Czipra: Gertrud Burgsthaler

Der erste Chor von Mörbisch besteht aus Einheimischen, die von zu Hause kostümiert zur Vorstellung kommen …

Zeichenerklärung:
ML: Musikalische Leitung
I: Inszenierung
B: Bühnenbild
K: Kostüme
Ch: Choreografie

1960

„VIKTORIA UND IHR HUSAR" — PAUL ABRAHAM

ML: Franz Bauer-Theussl/ Wilhelm Pietschnigg
I: Kurt Pscherer
B: Ferry Windberger
K: Gisela Bossert
Ch: Nessy Schultz von Eulenburg

Viktoria: Sari Barabas
O Lia San: Guggi Löwinger
Cunlight: Beppo Louca
Stefan Koltay: Erwin V. Gross
Riquette: Hertha Freund
Ferry: Franco Steinberg

3.000 Plätze
insgesamt 20.140 Besucher

1961

„DIE CSÁRDÁSFÜRSTIN" — EMMERICH KÁLMÁN

ML: Franz Bauer-Theussl/ Wilhelm Pietschnigg
I: Kurt Pscherer
B: Ferry Windberger
K: Gisela Bossert
Ch: Imre Keres

Fürst Leopold: Peter Gerhard
Edwin Ronald: Erwin V. Gross
Graf Boni: Franco Steinberg
Rohnsdorff: Beppo Louca
Feri von Kerekes: Norbert Ecker
Miksa: Hans Pirringer
Anhilte: Else Rambausek
Komtesse Stasi: Trude Stemmer
Sylva: Sari Barabas
Mac Grave: Kurt Diemann

Groom: Edith Wöber
Kiss: Axel Skumanz

3.000 Plätze
insg. 22.420 Besucher

1960–1969

1962

„DER ZIGEUNERBARON" — JOHANN STRAUSS

ML: Rudolf Bibl
I: Karl Heinz Krahl
B: Karl Eugen Spurny
K: Gisela Bossert
Ch: Andrej Jerschik

Homonay: Rolf Polke
Barinkay: Thomas Tarjan
Arsena: Elfriede Lehner
Ottokar: Erich Kienbacher
Saffi: Elisabeth Löw-Szöky
Carnero: Gerhard Hofer
Zsupán: Beppo Louca

Mirabella: Hedwig Schubert
Czipra: Gertrud Burgsthaler

3.000 Plätze
insgesamt 22.509 Besucher

1963

„GASPARONE" — CARL MILLÖCKER

ML: Rudolf Bibl
I: Otto Ambros
B: Karl Eugen Spurny
K: Gisela Bossert
Ch: Dia Luca

Sora: Hilde Brauner
Zenobia: Else Rambausek
Massaccio: Gerhard Hofer
Luigi: Tino Schubert
Sindulfo: Wilfried Steiner
Marietta: Barbara Krahl
Carlotta: Elisabeth Löw-Szöky
Graf Erminio: Erwin V. Gross
Benozzo: Walter Hoffmann
Nasoni: Georg Nowak

Spaghettone: Arno Ertel
Kgl. Leutnant: Josef Loibl

3.000 Plätze

Zeichenerklärung: ML: Musikalische Leitung   B: Bühnenbild   Ch: Choreografie
I: Inszenierung   K: Kostüme

1964

„DIE LUSTIGE WITWE" — FRANZ LEHÁR

ML: Rudolf Bibl
I: Otto Fritz
B: Karl Eugen Spurny
K: Gisela Bossert
Ch: Imre Keres

3.000 Plätze
insg. 22.793 Besucher

Baron Mirko: Georg Nowak
Graf Danilo: Nigel Douglas
Camille: Alfons van Goethem
Raoul: Peter Karner
Sylviane: Marina Alsen
Pritschitsch: Albert Messany
Njegus: Rudolf Carl
Valencienne: Hilde Brauner
Hanna Glawari: Sari Barabas

Cascada: Peter Drahosch
Bogdanowitsch: Theo Baylé
Kromow: Gerhard Hofer
Praskowia: Hilde Längauer

Das Bühnenbild für „Die Lustige Witwe" (1964)

1960–1969

1964: Sari Barabas als Hanna Glawari in der „Lustigen Witwe"

Zeichenerklärung: ML: Musikalische Leitung   B: Bühnenbild   Ch: Choreografie
I: Inszenierung   K: Kostüme

1965

„DIE BLUME VON HAWAII" — PAUL ABRAHAM

ML: Leopold Mayer
I: Otto Fritz
B: Karl Eugen Spurny
K: Gisela Bossert
Ch: René Bon

Bessie: Ilse Kieper
Laya: Irene Salemka
Lilo-Taro: Alfons van Goethem
Jim: Franco Steinberg
Stone: Edy Tranker
Kanako Hilo: Felix Pflichter
Raka: Helga Papouschek
Kaluna: Theo Baylé
Brewster: Gerhard Hofer
Buffy: Wilfried Steiner

Jones: Hans Faber
Fremdenführer: Herbert Seifert

3.000 Plätze
insg. 23.987 Besucher

1966

„DER ZIGEUNERBARON" — JOHANN STRAUSS

ML: Leopold Mayer
I: Andras Miko
B: Karl Eugen Spurny
K: Gisela Bossert
Ch: László Seregi

Homonay: Theo Baylé
Barinkay: Alfons van Goethem
Arsena: Ilse Kieper
Ottokar: Edy Tranker
Saffi: Elisabeth Löw-Szöky
Józsi: Hans Georg Pier
Istvan: Ingo Birkner
Carnero: Gerhard Hofer
Zsupán: György Radnai
Mirabella: Elfi König
Czipra: Gertrud Burgsthaler

Pali: Matthias Krismanich
Ferko: Arthur Hell

3.000 Plätze
insg. 27.376 Besucher

1960–1969

1967

„VENUS IN SEIDE" — ROBERT STOLZ

ML: Leopold Mayer
I: Karl Heinz Haberland
B: Karl Eugen Spurny
K: Gisela Bossert
Ch: László Seregi

3.000 Plätze
insg. 25.288 Besucher

Fürstin: Sari Barabas
Der Fremde: Rudolf Christ
Jozsy: Karl Heinz Drobesch
Ladislaus: Kurt Huemer
Kaplan: Matthias Krismanich
Mihaly: Peter Trenk
Vörös: Hans Georg Pier
Mizzi: Ilse Kieper
Vilmos: Willy Popp
Der andere Fremde: Wolf Oeser

Pfarrer: Wolfgang Hebenstreit
Ilona: Rosy Barsony
Laczi: Hans Pirringer
Comtesse Piroschka: Marina Alsen

Bühnenbildmodell für „Venus in Seide"

Zeichenerklärung:
ML: Musikalische Leitung
I: Inszenierung
B: Bühnenbild
K: Kostüme
Ch: Choreografie

Marina Alsen und Wolfgang Hebenstreit („Venus in Seide" 1967)

1960–1969

Persönliche Widmung von Robert Stolz für Gisela Alsen

Zeichenerklärung: ML: Musikalische Leitung   B: Bühnenbild   Ch: Choreografie
                         I: Inszenierung   K: Kostüme

1968

„GRÄFIN MARIZA" — EMMERICH KÁLMÁN

ML: Leopold Mayer
I: Andras Miko
B: Karl Eugen Spurny
K: Gisela Bossert
Ch: László Seregi

3.000 Plätze
insg. 26.772 Besucher

Mariza: Hedi Klug
Lisa: Vera Berzsenyi
Bozena: Alice Lach
Penizek: Rudolf Carl
Ilka: Linda Feer
Berko: Matthias Krismanich
Tassilo: Rudolf Christ
Zsupán: Kurt Huemer
Moritz: Willy Popp
Liebenberg: Günther Panak
Tschekko: Johannes Ferigo
Manja: Gisela Fahrenkämpfer

Kurz vor der Premiere:
Gisela Alsen (M.) und
Rudolf Carl

1960–1969

1969

„DER BETTELSTUDENT" — KARL MILLÖCKER

ML: Wilhelm Loibner
I: Hermann Wedekind
B: Karl Eugen Spurny
K: Gisela Bossert
Ch: László Seregi

Palmatica: Ljuba Welitsch
Bronislawa: Vera Berzsenyi
Symon: Harald Serafin
Jan: Andor Kaposy
von Wangenheim: Otto Lagler
Bogumil: Herbert Stefan
Bürgermeister: K. H. Drobesch
Enterich: Willy Popp
Puffke: Matthias Krismanich
Laura: Valorie Goodall

Ollendorf: Georg Radnai
von Richthoffen: Christian Boesch
Eva: Adrienne Pokorny
Onuphrie: Gerhard Lentner
Piffke: Klaus Ofczarek

3.000 Plätze
insg. 26.313 Besucher

1969: „Der Bettelstudent" mit Ljuba Welitsch, Valorie Goodall, Harald Serafin, Vera Berzsenyi (v.l.n.r.)

Zeichenerklärung:
ML: Musikalische Leitung
I: Inszenierung
B: Bühnenbild
K: Kostüme
Ch: Choreografie

1970: „Die ungarische Hochzeit" mit Guggi Löwinger und Erich Kuchar

1970–1980

1970

„DIE UNGARISCHE HOCHZEIT" — NICO DOSTAL

- **ML:** Walter Goldschmidt/ Herbert Mogg
- **I:** Kurt Pscherer
- **B:** Karl Eugen Spurny
- **K:** Gisela Bossert
- **Ch:** László Seregi

Maria Theresia: Marianne Schönauer
Janka: Hedi Klug
Linggen: Josef Kepplinger
Kismarty: Kurt Großkurth
Desider: Robert Werner
Arpad Erdödy: Erich Kuchar
Anna: Johanna Brix
Frusina: Ljuba Welitsch
Etelka: Guggi Löwinger
Stefan: Andor Kaposy
Kießling: Wolfgang Dauscha

Halmay: Rudolf Otahal
Michael: Matthias Krismanich

3.000 Plätze
insg. 26.561 Besucher

1971

„DIE CSÁRDÁSFÜRSTIN" — EMMERICH KÁLMÁN

- **ML:** Walter Goldschmidt
- **I:** Kurt Pscherer
- **B:** Karl Eugen Spurny
- **K:** Gisela Bossert
- **Ch:** László Seregi

Sylva: Margit Schramm
Anhilte: Ljuba Welitsch
Edwin: Günter George
Feri: Willi Scherdeck
Kiss: Fred Weis
Mac Grave: Heinz Conrads
Stasi: Guggi Löwinger
Fürst Leopold: Kurt Großkurth
Boni: Erich Kuchar

Rohnsdorff: Wolfgang Dauscha
Miksa: Walter Skotton

3.000 Plätze
insg. 29.600 Besucher

Zeichenerklärung: ML: Musikalische Leitung   B: Bühnenbild   Ch: Choreografie
I: Inszenierung   K: Kostüme

1972

„EINE NACHT IN VENEDIG" — JOHANN STRAUSS

ML: Walter Goldschmidt
I: Otto Fritz
B: Karl Eugen Spurny
K: Gisela Bossert
Ch: László Seregi

3.000 Plätze
insg. 29.573 Besucher

Guido: Joseph Hopferwieser
Barbaruccio: Wolfgang Dauscha
Agricola: Erika Schubert
Annina: Maria Tiboldi
Pappacoda: Günther Frank
Enrico Piselli: Walter Skotton
Balbi: Beatrix Svoboda
Cesare: Helmut Randers
Delacqua: Robert Werner

Testaccio: Ralph Telasko
Barbara: Ernie Tögl
Caramello: Vico Torriani
Ciboletta: Monique Lobasa
Centurio: Gabriele Juster
Herold: Karl Heinz Drobesch

Bühnenbildmodell für „Eine Nacht in Venedig"

1970–1980

Professor Otto Fritz und Vico Torriani

Zeichenerklärung: ML: Musikalische Leitung   B: Bühnenbild   Ch: Choreografie
I: Inszenierung   K: Kostüme

1973

„VIKTORIA UND IHR HUSAR" — PAUL ABRAHAM

ML: Johannes Fehring	**Viktoria:** Sigrid Martikke	**Koltay:** Günter George
I: Rolf Kutschera	**Riquette:** Nera Nicol	**Tokeramo Yagani:** Hans Kraemmer
B: Karl Eugen Spurny	**Ferry:** Louis Ries	**Russ. Offizier:** Otto Beier
K: Gisela Bossert	**Jancsi:** Günther Frank	**Russ. Wachtmeister:** Otto Beier
Ch: László Seregi	**Béla Pörkölty:** Hans Kraemmer	**Kosak:** Wolfgang Dauscha
	Jap. Offizier: Hans Kraemmer	
	Sekretär: Wolfgang Dauscha	
3.000 Plätze	**O Lia San:** Guggi Löwinger	
insg. 29.267 Besucher	**Cunlight:** Johannes Heesters	

„Viktoria und ihr Husar", 1973: Johannes Fehring, Nera Nicol, Rolf Kutschera, Sigrid Martikke, Johannes Heesters (v.l.n.r)

1970–1980

1974

„DER VOGELHÄNDLER" — CARL ZELLER

ML: Walter Goldschmidt
I: Karl Dönch
B: Karl Eugen Spurny
K: Gisela Bossert
Ch: László Seregi

3.000 Plätze
insg. 29.600 Besucher

Kurfürstin: Sigrid Martikke
Adelaide: Elfriede Ramhapp
Weps: Karl Dönch
Quendel: Robert Herzl
Würmchen: Rudolf Wasserlof
Schneck: Wolfgang Dauscha
Egydi: Herwig Erb
Briefchristel: Dorothea Chryst
Adam: Peter Minich

Stanislaus: Alois Aichhorn
Süffle: Ossy Kolmann
Mauroner: Willy Bertl
Jette: Helga Schöller

Sigrid Martikke und Peter Minich

Zeichenerklärung:
ML: Musikalische Leitung
I: Inszenierung
B: Bühnenbild
K: Kostüme
Ch: Choreografie

1975

„DER ZIGEUNERBARON" — JOHANN STRAUSS

ML: Walter Goldschmidt
I: Andras Miko
B: Karl Eugen Spurny
K: Gisela Bossert
Ch: László Seregi

3.000 Plätze
insg. 29.600 Besucher

Homonay: Hans Helm
Barinkay: Wilfried Badorek
Arsena: Monique Lobasa
Ottokar: Peter Drahosch
Saffi: Sigrid Martikke
Józsi: Karl Heinz Drobesch
Carnero: Richard Eybner
Zsupán: Kurt Böhme

Mirabella: Lilly Stepanek
Czipra: Gertraud Eckert
Pali: Norbert Unter
Ferko: Wolfgang Dauscha

1976 war der Kampf gegen die Gelsen noch ein Dauerthema …

1970–1980

1976

„DAS LAND DES LÄCHELNS" — FRANZ LEHÁR

ML: Franz Bauer-Theussl
I: Karl Dönch
B: Karl Eugen Spurny
K: Gisela Bossert
Ch: László Seregi

3.000 Plätze
insg. 29.591 Besucher

Lisa: Mirjana Irosch
Sophie: Gretel Schörg
Tschang: Jochen Brockmann
Ferdinand: Harry Hardt
Tassilo: Wolfgang Dauscha
Mi: Helga Papouschek
Sou-Chong: Peter Minich
Obereunuch: Ossy Kolmann

Gustav: Heinz Ehrenfreund
Fu-Li: Helmut Ofner-Aichfeld

Mirjana Irosch und Peter Minich

Zeichenerklärung: ML: Musikalische Leitung   B: Bühnenbild   Ch: Choreografie
I: Inszenierung   K: Kostüme

1977

„MASKE IN BLAU" — FRED RAYMOND

ML: Johannes Fehring
I: Robert Herzl
B: Karl Eugen Spurny
K: Gisela Bossert
Ch: László Seregi

3.000 Plätze
insg. 29.600 Besucher

Julie Varady: Dagmar Koller
Vittoria di Cavalotti: Fred Liewehr
Franz Kilian: Alfred Böhm
Diego Gonzales: Wolfgang Dauscha
José: Peter Sedlmayer
Elvira Valera: Sylvia Holzmayer
Armando Cellini: Wolfgang Siesz

Josef: Kurt Huemer
Pedro: Erwin V. Gross

„Maske in Blau" 1977: Kurt Huemer, Alfred Böhm, Dagmar Koller (v.l.n.r.).

1970–1980

1978

„DIE ZIRKUSPRINZESSIN" — EMMERICH KÁLMÁN

ML: Franz Bauer-Theussl
I: Robert Herzl
B: Karl Eugen Spurny
K: Gisela Bossert
Ch: László Seregi

3.000 Plätze
insg. 29.600 Besucher

Fedora: Dorothea Fürstenberg
Maxl: Sylvia-Luise Denk
Mister X: Peter Minich
Sergius: Karl Dönch
Pelikan: Hugo Gottschlich
Baron Peter: Wolfgang Dauscha
Mabel: Helga Papouschek
Schlumberger: Grete Zimmer

Zirkusdirektor: Rudolf Strobl
Toni: Kurt Huemer
Stallmeister: Walter Harbich

Helga Papouschek und Kurt Huemer

Zeichenerklärung:
ML: Musikalische Leitung
I: Inszenierung
B: Bühnenbild
K: Kostüme
Ch: Choreografie

1979

„GRÄFIN MARIZA" — EMMERICH KÁLMÁN

ML: Franz Bauer-Theussl
I: Kurt Pscherer
B: Karl Eugen Spurny
K: Gisela Bossert
Ch: László Seregi

3.000 Plätze
insg. 29.600 Besucher

Mariza: Dorothea Fürstenberg
Tassilo: William Reeder
Manja: Gail Gilmore
Liebenberg: Frank Dietrich
Moritz: Karl Dönch
Berko: Peter Josch
Lisa: Sylvia-Luise Denk
Bozena: Grete Zimmer
Zsupán: Kurt Huemer
Penizek: Hugo Gottschlich
Tschekko: Wolfgang Dauscha

1980

„DIE FLEDERMAUS" — JOHANN STRAUSS

ML: Franz Bauer-Theussl
I: Kurt Pscherer
B: Karl Eugen Spurny
K: Gisela Bossert
Ch: László Seregi

3.000 Plätze
insg. 26.773 Besucher

Rosalinde: Mirjana Irosch
Adele: Elfriede Höbarth
Frank: Karl Dönch
Falke: Robert Granzer
Alfred: Corneliu Murgu
Ivan: Wolfgang Dauscha
Eisenstein: Waldemar Kmentt
Ida: Hedy Richter
Orlofsky: Heinz Ehrenfreund
Blind: Peter Drahosch
Frosch: Johannes Schauer

Mirjana Irosch, Waldemar Kmentt und Karl Dönch

Zeichenerklärung: ML: Musikalische Leitung   B: Bühnenbild   Ch: Choreografie
                           I: Inszenierung   K: Kostüme

1981

„DER ZIGEUNERBARON" — JOHANN STRAUSS

ML: Franz Bauer-Theussl
I: Glado von May
B: Karl Eugen Spurny
K: Gisela Bossert
Ch: László Seregi

3.000 Plätze
insg. 29.396 Besucher

Homonay: Klaus Wallprecht
Barinkay: Osvaldo di Pianduni
Arsena: Monika Lenz
Ottokar: Ernst-Dieter Suttheimer
Saffi: Mirjana Irosch
Ferko: Walter Eder
Carnero: Felix Dvorak
Zsupán: Manfred Jungwirth

Mirabella: Gina Klitsch
Czipra: Gail Gilmore
Istvan: Leo Wastel

„Der Zigeunerbaron", 1981: „Zsupán" Manfred Jungwirth und „Conte Carnero" Felix Dvorak

1982

„EIN WALZERTRAUM" — OSCAR STRAUS

ML: Franz Bauer-Theussl
I: Robert Herzl
B: Karl Eugen Spurny
K: Gisela Bossert
Ch: László Seregi

3.000 Plätze
insg. 27.175 Besucher

Helene: Gabriele Fontana
Franzi: Dagmar Koller
Joachim: Günter George
Niki: Franz Waechter
Wendelin: Wolfgang Dauscha
Weigl: Alfred Böhm
Friederike: Gretel Hartung
Tschinellenfifi: Gaby Bischof

Lothar: Karl Merkatz
Montschi: Kurt Huemer
Sylvia: Johanna Lonsky
Kellner: Karl Kralert

Karl Merkatz und Dagmar Koller

Zeichenerklärung:
ML: Musikalische Leitung
I: Inszenierung
B: Bühnenbild
K: Kostüme
Ch: Choreografie

„Ein Walzertraum" (1982): Gretel Hartung und Alfred Böhm

Kulisse „Ein Walzertraum" (1982) von Karl Eugen Spurny

1983

„DIE GOLD'NE MEISTERIN" — EDMUND EYSLER

ML: Franz Bauer-Theussl
I: Robert Herzl
B: Karl Eugen Spurny
K: Gisela Bossert
Ch: László Seregi

3.000 Plätze
insg. 23.869 Besucher

Margarete: Elisabeth Kales
Giulietta: Miriam Müller
Friedl: Jack Poppell
Jaromir: Günther Frank
Servinius: Wolfgang Dauscha
Portschunkula: Gaby Bischof
Christian: Michael Pabst
Fridolin: Karl Merkatz
Ignatius: Karl Dönch

1984

„DIE ZIRKUSPRINZESSIN" — EMMERICH KÁLMÁN

ML: Franz Bauer-Theussl
I: Kurt Huemer
B: Karl Eugen Spurny
K: Gisela Bossert
Ch: László Seregi

3.000 Plätze
insg. 40.877 Besucher

Fedora: Marjon Lambriks
Maxl: Nicole Weber
Zirkusdirektor: Gideon Singer
Sergius: Sándor Németh
Toni: Alexander Wächter
Pelikan: Walter Langer
Mabel: Marcela Cerno
Schlumberger: Gusti Wolf
Stallmeister: Raimund Herbst
Peter: Wolfgang Dauscha
Mister X: Janos Berkes

Zeichenerklärung: ML: Musikalische Leitung   B: Bühnenbild   Ch: Choreografie
I: Inszenierung   K: Kostüme

1985

„IM WEISSEN RÖSSL" — RALPH BENATZKY

ML: Franz Bauer-Theussl/ Uwe Heimer
I: Robert Herzl
B: Karl Eugen Spurny
K: Gisela Bossert
Ch: László Seregi

3.000 Plätze
insg. 52.409 Besucher

Josefa Vogelhuber: Dagmar Koller
Klärchen: Gaby Bischof
Leopold: Rudolf Buczolich
Siedler: Harald Serafin
Sigismund: Joachim Kemmer
Bürgermeister: Wolfgang Dauscha
Ottilie: Elisabeth Kales
Piccolo: Claudia Nagy
Giesecke: Karl Dönch

Franz Joseph: Franz Stoß
Hinzelmann: Jens Rathke

Dagmar Koller und Rudolf Buczolich

1981–1990

1986

„DER ZIGEUNERBARON" JOHANN STRAUSS

ML: Franz Bauer-Theussl/ Rudolf Bibl
I: Robert Herzl
B: Pantelis Dessyllas
K: Gisela Bossert/ Alice Maria Schlesinger
3.000 Plätze
insg. 53.642 Besucher

Homonay: Harald Serafin
Barinkay: Adolf Dallapozza/ Richard Karczykowski
Carnero: Karl Dönch/ Rudolf Wasserlof
Arsena: Andrea Zsadon/ Elisabeth Kales
Czipra: Katalin Meszöly
Miksa: Wolfgang Dauscha

Saffi: Katalin Pitti
Zsupán: Peter Minich
Ottokar: Sibrand Basa
Mirabella: Erika Schubert
Istvan: Josef Forstner
Pali: Walter Eder

Adolf Dallapozza, Harald Serafin, Katalin Pitti, Peter Minich und Karl Dönch

---

Zeichenerklärung:
ML: Musikalische Leitung
I: Inszenierung
B: Bühnenbild
K: Kostüme
Ch: Choreografie

1987

„GRÄFIN MARIZA" — EMMERICH KÁLMÁN

ML: Dietfried Bernet
I: Robert Herzl
B: Pantelis Dessyllas
K: Gisela Bossert
Ch: Susanne Kirnbauer

3.540 Plätze
insg. 37.707 Besucher

Mariza: Gundula Janowitz/ Mirjana Irosch
Tassilo: Adolf Dallapozza/ Richard Karczykowski
Lisa: Noemi Nadelmann
Populescu: Karl Dönch
Tschekko: Wolfgang Dauscha
Zsupán: Sándor Németh
Bozena: Erna Schickel
Manja: Nelly Boschkowa

Liebenberg: Rudolf Buczolich
Penizek: Alfred Böhm

1988

„EINE NACHT IN VENEDIG" — JOHANN STRAUSS

ML: Uwe Theimer
I: Robert Herzl
B: Pantelis Dessyllas
K: Gisela Bossert
Ch: Susanne Kirnbauer

3.540 Plätze
insg. 52.003 Besucher

Guido: Giuseppe di Stefano
Barbaruccio: Ossy Kolmann
Piselli: Thomas Pohn
Caramello: Richard Karczykowski
Pappacoda: Michael Kraus
Peppino: Walter Eder
Delacqua: Karl Dönch
Testaccio: Herbert Prikopa
Annina: Ulrike Steinsky
Centurio: Helmut Randers

Agricola: Karin Goltz
Ein Herold: Manfred Schimpl

1981–1990

Giuseppe di Stefano verleiht einer „Nacht in Venedig" italienisches Flair

»*Ach, wie so herrlich zu schauen,
sind all die lieblichen Frauen ...*«

(„Eine Nacht in Venedig")

Zeichenerklärung: ML: Musikalische Leitung   B: Bühnenbild   Ch: Choreografie
                              I: Inszenierung   K: Kostüme

1989

„DAS LAND DES LÄCHELNS" — FRANZ LEHÁR

ML: Uwe Theimer
I: Robert Herzl
B: Pantelis Dessyllas
K: Gisela Bossert
Ch: Ernö Molnár

3.540 Plätze
insg. 45.965 Besucher

Fu-Li: Karl Dönch
Lisa: Ulrike Steinsky
Gustav: Franz Waechter
Sou-Chong: Otoniel Gonzaga
Ferdinand: Rudolf Wasserlof
Oberpriester: Helmut Ofner
Marie Therese: Marianne Schönauer
Mi: Elisabeth Kales/Lotte Leitner

Franz Waechter und Karl Dönch

1990

„DIE CSÁRDÁSFÜRSTIN" — EMMERICH KÁLMÁN

ML: Katalin Varadi/ Uwe Theimer
I: Sándor Németh
B: Pantelis Dessyllas
K: Gisela Bossert
Ch: László Pethö

3.540 Plätze
insg. 53.056 Besucher

Sylva: Sona Ghazarian/ Silvana Dussmann
Edwin: Michael Roider
Komtesse Stasi: Gaby Bischof
Leopold: Karl Dönch
Rohnsdorff: Christian Futterknecht
Kiss: Walter Langer
Graf Boni: Sándor Németh
Anhilte: Marianne Schönauer
Feri Bacsi: Gideon Singer
Botschafter: Wolfgang Dauscha
Zigeunerprimas: Gergely-Werner Szücs

Bühnenbildentwurf von Pantelis Dessyllas für „Die Csárdásfürstin" (1990)

Zeichenerklärung: ML: Musikalische Leitung B: Bühnenbild Ch: Choreografie
I: Inszenierung K: Kostüme

1991

„SISSI UND ROMY" — ROLAND BAUMGARTNER

ML: Herbert Prikopa
I: Edwin Zbonek
B: Wolfgang Hundhammer
K: Gisela Bossert
Ch: Waclaw Orlikowsky

Sissi/Romy: Claudia Dallinger
Graf Andrassy: Peter Dvorsky/ Miro Dvorsky
Sophie: Sigrid Martikke
Max: Gerhard Ernst
Franz Joseph: Marc Berry
Ludovika: Sylvia Holzmayer
Helene: Brigitte Jäger

3.540 Plätze
insg. 34.777 Besucher

Die Brüder Miro (l.) und Peter (r.) Dvorsky mit Claudia Dallinger (M.) als „Sissi/Romy"

1991–2000

1992

„DER ZIGEUNERBARON" — JOHANN STRAUSS

ML: Herbert Prikopa
I: Wilfried Steiner
B: Gottfried Kumpf
K: Hanna Wartenegg
Ch: Dragan Jerinkic

3.540 Plätze
insg. 53.645 Besucher

Homonay: Hans Helm
Barinkay: Otoniel Gonzaga/ Richard Karczykowsky
Zsupán: Walter Berry/ Karl Dumphart
Mirabella: Else Kalista
Saffi: Jolanta Radek
Carnero: Kurt Ruzicka
Arsena: Brigitte Jäger
Ottokar: Franz Supper
Czipra: Karin Goltz
Pali: Walter Eder

Ein Maler wagt einen Abstecher ins Fach des Bühnenbildners: Kulissen von Gottfried Kumpf für „Der Zigeunerbaron"

Zeichenerklärung:
ML: Musikalische Leitung
I: Inszenierung
B: Bühnenbild
K: Kostüme
Ch: Choreografie

1993

„DIE LUSTIGE WITWE" — FRANZ LEHÁR

ML: Konstantin Schenk
I: Michael Maurer
B: Rolf Langenfass
K: Rolf Langenfass
Ch: Michael Maurer

Hanna: Elisabeth Kales/Mirjana Irosch/Izabela Labuda
Danilo: Peter Edelmann/Kurt Schreibmayer
Valencienne: Martina Dorak/Tamara Trojani
Camille: Lawrence P. Vincent/Zachos Terzakis/Sebastian Reinthaller
Njegus: Thaddäus Podgorski
Bogdanowitsch: Karl Dumphart
Baron Zeta: Gideon Singer/Karl Dumphart
Cascada: Josef Luftensteiner
St. Brioche: Franz Jirsa/Wolfgang Dosch
Olga: Gerti Gordon
Praskowia: Margret Szuggar
Sylviane: Liane Zaharia
Kromow: Helmut Ofner
Pritschitsch: Walter Eder

3.540 Plätze
insg. 67.000 Besucher

Thaddäus Podgorski (r.) und Gideon Singer (l.)

Peter Edelmann und Elisabeth Kales

1991–2000

1994

„WIENER BLUT" — JOHANN STRAUSS

ML: Johannes Wildner
I: Alexander Waechter
B: Rolf Langenfass
K: Rolf Langenfass
Ch: Susanne Kirnbauer

3.540 Plätze
insg. 80.000 Besucher

Ypsheim-Gindelbach: Peter Matic
Zedlau: Herbert Lippert/Eugen Procter
Gabriele: Martina Serafin/Gabriele Fontana
Cagliari: Ulrike Steinsky
Kagler: Teddy Podgorski/Rudolf Wasserlof
Pepi: Ute Gfrerer
Josef: Alfred Pfeifer
Fiaker: Rainer Spechtl
Adjutant: Volker Wahl

Harald und Martina Serafin (hinten Mitte) mit Gabriele Fontana, Ute Gfrerer, LR Christa Prets, Dirigent Johannes Wildner, Alfred Pfeifer, Peter Matic, Ulrike Steinsky und Teddy Podgorski

---

Zeichenerklärung:
ML: Musikalische Leitung
I: Inszenierung
B: Bühnenbild
K: Kostüme
Ch: Choreografie

1995

„DER BETTELSTUDENT" — KARL MILLÖCKER

ML: Rudolf Bibl
I: Winfried Bauernfeind
B: Rolf Langenfass
K: Rolf Langenfass
Ch: Gisela Walther

4.100 Plätze
insg. 90.000 Besucher

Palmatica: Mirjana Irosch
Laura: Martina Serafin/Nicola Beller
Bronislawa: Renate Pitscheider
Ollendorf: Eberhard Storz/Fritz Hille
von Wangenheim: Franz Supper
von Henrici: Ludwig Wolfrum
von Schweinitz: Karl Dumphart
von Richthofen: Jens Janke
Janicki: Johannes Martin Kränzle/ Wolfgang Glashof

Rymanowicz: Marc Clear/ Eugen Procter
Onuphrie: Gideon Singer
Enterich: Ernst Dieter Suttheimer
Herzog Adam: Wolfgang Fischl

Eberhard Storz, Wolfgang Glashof, Mirjana Irosch und Renate Pitscheider

1996: Luftaufnahme der neuen Tribüne, die 4.500 Zuschauer fasst

»Ach, ich hab sie ja nur auf die Schulter geküsst ...«

(„Der Bettelstudent", 1995)

Zeichenerklärung: ML: Musikalische Leitung   B: Bühnenbild   Ch: Choreografie
I: Inszenierung   K: Kostüme

1996

„DIE FLEDERMAUS" JOHANN STRAUSS

ML: Rudolf Bibl
I: Elmar Ottenthal
B: Rolf Langenfass
K: Rolf Langenfass
Ch: Peter Wissmann

4.535 Plätze
insg. 130.000 Besucher

Eisenstein: Peter Edelmann/ Reinhard Brussmann
Rosalinde: Silvana Dussmann/ Nathalie Boissy/Izabela Labuda
Adele: Martina Unden/Ute Gfrerer
Dr. Falke: Paul Armin Edelmann/ Sebastian Holecek
Orlofsky: Artur Stefanowicz
Alfred: Tomas Lind
Frank: Waldemar Kmentt/ Alfred Sramek
Frosch: Thaddäus Podgorski
Blind: Wolfgang Ablinger-Sperrhacke/ Franz Jirsa

„Einen Schluck in Ehren …" Teddy Podgorski als Frosch

Tomas Lind und Silvana Dussmann

1991–2000

1997

„PARISER LEBEN" — JACQUES OFFENBACH

ML: Rudolf Bibl
I: Alain Marcel
B: Rolf Langenfass
K: Rolf Langenfass
Ch: James Sparrow

4.535 Plätze
insg. 117.000 Besucher

Lord MacInclock: Gordon Sandison/Michael Glücksmann
Lady MacInclock: Melanie Holliday
Gardefeu: Andreas Schindler
Bobinet: Hannes Brock
Diener: Reinhard Alessandri
Metella: Martina Serafin/Lorena Espina
Brasilianer: Götz Zemann
Frick: Wolfgang Gratschmaier
Gabrielle: Hlín Péttúrsdottir/Barbara Payha
Pauline: Leana Legowski
Madame: Mirjana Irosch
Clar: Ira Kancz
Leonie: Monika Lanner
Luise: Beatrix Robein
Gontran: Robert Florianschütz

Andreas Schindler (r.) und Hannes Brock (l.) in der Offenbach-Premiere „Pariser Leben" auf der Seebühne Mörbisch

---

Zeichenerklärung: ML: Musikalische Leitung B: Bühnenbild Ch: Choreografie
I: Inszenierung K: Kostüme

Melanie Holliday als schottische Lady in „Pariser Leben" (1997)

1998

„DER VOGELHÄNDLER" — CARL ZELLER

ML: Rudolf Bibl
I: Winfried Bauernfeind
B: Rolf Langenfass
K: Rolf Langenfass
Ch: Gisela Walther

4.535 Plätze
insg. 127.000 Besucher

Fürstin Marie: Martina Serafin/ Ingrid Habermann
Adelaide: Marika Lichter/ Mirjana Irosch
Baron Weps: Helmut Berger-Tuna/ Fritz Hille
Graf Stanislaus: Marc Clear/ Günther Gutmann
Adam: Sebastian Reinthaller/ Gerhard Siegel
Christel: Birgid Steinberger/ Ute Gfrerer
Süffle & Würmchen: Muckenstrunz & Bamschabl
Schneck: Wilhelm Gartner
Quendel: Volker Wahl
Kellnerin: Dania Horky
Hofdamen: Charlotte Klaghofer, Evelyn Schörkhuber
Amor: Jürgen Marx

Zwei „Christels" und ihre „Adams": Birgid Steinberger, Sebastian Reinthaller …

… und Ute Gfrerer mit Gerhard Siegel

Zeichenerklärung:
ML: Musikalische Leitung
I: Inszenierung
B: Bühnenbild
K: Kostüme
Ch: Choreografie

Der Erfolg der Seefestspiele wächst und wächst: H. Serafin, A. Mandl, R. Bibl, K. Matkovits, D. Posteiner

1999

„EINE NACHT IN VENEDIG" — JOHANN STRAUSS

ML: Rudolf Bibl
I: Helmuth Lohner
B: Rolf Langenfass
K: Rolf Langenfass
Ch: Gisela Walther

Herzog von Urbino: Marc Clear/Harrie van der Plas
Annina: Heike Wittlieb/Ingrid Habermann/Ruxandra Voda
Caramello: Christian Baumgärtel/Henrik Engelsviken
Pappacoda: Markus Heinrich/Klaus Kuttler
Ciboletta: Romana Noack/Christine Bath

Delacqua: Gideon Singer/Franz Kalchmair
Agricola: Mirjana Irosch
Barbaruccio: Anton Steingruber
Testaccio: Wilhelm Gartner
Barbara: Evelyn Schörkhuber
Enrico: Alexander Löffler
Centurio/Balbi: Volker Wahl

4.535 Plätze
insg. 160.000 Besucher

1991–2000

2000

„DER ZIGEUNERBARON" — JOHANN STRAUSS

ML: Rudolf Bibl
I: Heinz Marecek
B: Rolf Langenfass
K: Rolf Langenfass
Ch: Georg Gesler

6.000 Plätze
insg. 206.000 Besucher

Graf Homonay: Peter Edelmann/Philip Zawisza
Conte Carnero: Heinz Zednik/Götz Zemann
Sandor Barinkay: Harrie van der Plas/Mehrzad Montazeri/Juray Hurny
Saffi: Martina Serafin/Liuba Chuchrova/Elena Pankratova
Kálmán Zsupán: Helmut Berger-Tuna/Roland Bracht
Czipra: Brigitte Pinter/Elena Batoukova
Mirabella: Mirjana Irosch/Sigrid Martikke
Arsena: Christine Bath/Romana Noack
Ottokar: Andreas Schagerl/Heiko Reissig

Roland Bracht als Kálmán Zsupán

Zeichenerklärung:
ML: Musikalische Leitung
I: Inszenierung
B: Bühnenbild
K: Kostüme
Ch: Choreografie

Ein Drachenboot fasziniert das Publikum: Ingrid Habermann, Sangho Choi in „Das Land des Lächelns" (2001)

2000–2007

2001

„DAS LAND DES LÄCHELNS" — FRANZ LEHÁR

ML: Rudolf Bibl
I: Winfried Bauernfeind
B: Rolf Langenfass
K: Rolf Langenfass
Ch: Gisela Walther

6.000 Plätze
insg. 212.000 Besucher

Graf Lichtenfels: Harald Serafin/Albert Rueprecht
Lisa, seine Tochter: Ingrid Habermann/Elisabeth Flechl
Graf Gustav v. Pottenstein: Dietmar Kerschbaum/Max Müller
Prinz Sou-Chong: Sangho Choi/Mehrzad Montazeri
Mi, seine Schwester: Yuko Mitani/Esther Lee
Tschang, sein Oheim: Toru Tanabe
Obereunuch: Gideon Singer

Das chinesische Tanz- und Akrobatenensemble aus Changsha

Zeichenerklärung: ML: Musikalische Leitung B: Bühnenbild Ch: Choreografie
I: Inszenierung K: Kostüme

Auch so kann man Balletttänzerinnen zum Auftritt bringen: eine schwimmende Muschel in „Die Csárdásfürstin" (2002)

2002

„DIE CSÁRDÁSFÜRSTIN" — EMMERICH KÁLMÁN

ML: Rudolf Bibl
I: Helmuth Lohner
B: Rolf Langenfass
K: Rolf Langenfass
Ch: Giorgio Madia

6.000 Plätze
insg. 220.000 Besucher

Sylva: Vera Schoenenberg/ Monika Fischl
Edwin: Ferdinand von Bothmer/ Wolfgang Schwaninger
Komtesse Stasi: Kerstin Grotrian/ Alexandra Rieger
Graf Boni: Markus Werba
Feri Bacsi: Frigyes Harsányi

Anhilte: Mirjana Irosch
Fürst Weylersheim: Harald Serafin/ Peter Uray
Rohnsdorff: Michael Gampe
Kiss: Gottfried Falkenstein
Zigeunerprimas: Lajos Padar

2000–2007

2003

„GIUDITTA" — FRANZ LEHÁR

ML: Rudolf Bibl
I: Gernot Friedel, Giorgio Madia, Volker Wahl
B: Rolf Langenfass
K: Rolf Langenfass
Ch: Giorgio Madia

6.000 Plätze
insg. 200.000 Besucher

Octavio, Hauptmann: Mehrzad Montazeri/Thomas Piffka
Antonio, Oberleutnant: Friedrich Schwardtmann
Luis, Bursche v. Octavio: Dietrich Siegl
Giuditta: Natalia Ushakova/Marion Costa
Manuele, Giudittas Mann: Peter Uray
Sebastiano, Wirt: Stephan Paryla
Anita, Kellnerin: Julia Bauer
Pierrino, Kellner: Markus Heinrich
Ibrahim, Besitzer d. „Alcazar": Hans Wolfgang Pemmer
Junger Leutnant: Claudio Hiller/Volker Wahl
Lolita, Animierdame im „Alcazar": Eva Christina Binder
Lord Barrymore: Gunther W. Lämmert
General: Franz Robert Wagner
Oberkellner: Bernd Ander
Piccolo: Matthias Kofler
Solotänzerin: Megan Sarah Laehn

Ein Stier inmitten weiblicher Toreros: „Giuditta" (2003)

Zeichenerklärung: ML: Musikalische Leitung I: Inszenierung B: Bühnenbild K: Kostüme Ch: Choreografie

2004

„GRÄFIN MARIZA" — EMMERICH KÁLMÁN

ML: Rudolf Bibl
I: Winfried Bauernfeind
B: Rolf Langenfass
K: Rolf Langenfass
Ch: Giorgio Madia

Gräfin Mariza: Dagmar Schellenberger/Ursula Pfitzner
Graf Tassilo: Nikolai Schukoff/Thomas Piffka
Fürst Populescu: Harald Serafin/Gerhard Ernst
Fürstin Bozena: Mirjana Irosch
Baron Koloman Zsupán: Marko Kathol
Lisa: Julia Bauer
Karl Stephan von Liebenberg: Marko Pustisek
Penizek, der Kammerdiener: Edd Stavjanik
Manja: Natela Nicoli
Tschekko, Marizas Diener: Bernd Ander
Zigeunerkapelle: Lajos Padar & seine Zigeunerkapelle
Solotänzer: Emilia Baranowicz, Emil Galazka, Jakub Spocinski

6.000 Plätze
insg. 220.000 Besucher

Wo sonst gibt es noch eine echte Dampflok auf der Bühne? „Gräfin Mariza" (2004)

2005

„DIE LUSTIGE WITWE" — FRANZ LEHÁR

ML: Rudolf Bibl
I: Helmuth Lohner
B: Rolf Langenfass
K: Rolf Langenfass
Ch: Giorgio Madia

6.000 Plätze
insg. 212.000 Besucher

Hanna Glawari: Margarita De Arellano/Ursula Pfitzner/Dagmar Schellenberger
Graf Danilo Danilowitsch: Mathias Hausmann/Markus Liske
Baron Mirko Zeta: Harald Serafin/Alfred Sramek
Valencienne: Elisabeth Starzinger
Camille de Rosillon: Vicente Ombuena/Sebastian Reinthaller/Marwan Shamiyeh
Vicomte Cascada: Daniel Serafin
Raoul de St. Brioche: Alexander Klinger
Njegus: Ernst Konarek
Bogdanowitsch: Bernd Ander
Sylviane: Doris Nitsch
Kromow: Peter Branoff
Olga: Johanna Hohloch
Pritschitsch: Peter Lindner
Praskowia: Mirjana Irosch
Kellner: Claudio Hiller
Cancan-Solotänzer: Juraj Zilinzár

„Njegus" Ernst Konarek hat mit „Danilo" Mathias Hausmann seine liebe Not: „Die Lustige Witwe" (2005)

Zeichenerklärung: ML: Musikalische Leitung   B: Bühnenbild   Ch: Choreografie
I: Inszenierung   K: Kostüme

2006

„DER GRAF VON LUXEMBURG" — FRANZ LEHÁR

ML: Rudolf Bibl
I: Dietmar Pflegerl
B: Rolf Langenfass
K: Rolf Langenfass
Ch: Giorgio Madia

6.088 Plätze
insg. 190.000 Besucher

René, Graf von Luxemburg: Michael Suttner/Thomas Piffka
Fürst Basil Basilowitsch: Harald Serafin/Alfred Sramek
Gräfin Stasa Kokozow: Marika Lichter/Sigrid Hauser
Armand Brissard, Maler: Marko Kathol
Angèle Didier, Sängerin: Gesa Hoppe/Ruth Ohlmann
Juliette Vermont: Anja-Nina Bahrmann/Ana Maria Labin
Sergej Mentschikoff: Stephan Paryla
Pawel von Pawlowitsch: Franz Leitner
Pélégrin, Standesbeamter: Johannes Beck
Manager des Grand Hotels: Peter Leutgöb
Künstlerfreunde: Wilhelm Griessler, Andrea Karaba, Michael Koller, Michael Stark, Sabine Zlamala

Harald Serafin, Gesa Hoppe, Michael Suttner, Marika Lichter und Marko Kathol bei der Saisonabschlussfeier zu „Der Graf von Luxemburg" (2006)

2007

„WIENER BLUT" — JOHANN STRAUSS

ML: Rudolf Bibl
I: Maximilian Schell
B: Rolf Langenfass
K: Rolf Langenfass
Ch: Giorgio Madia

6.200 Plätze

Ypsheim-Gindelbach: Fritz Hille/ Harald Serafin
Franzi: Margareta Klobucar/ Cornelia Zink
Josef: Daniel Serafin/ Wolfgang Gratschmaier
Pepi: Iva Mihanovic/ Renée Schüttengruber
Fürst Metternich: Friedrich Schwardtmann
Kagler: Alexander Grill
Gräfin: Ursula Pfitzner/ Noemi Nadelmann/Jessica Glatte
Graf: Rainer Trost/Christian Zenker/ Sebastian Reinthaller
Kutscher: Helmut Wallner

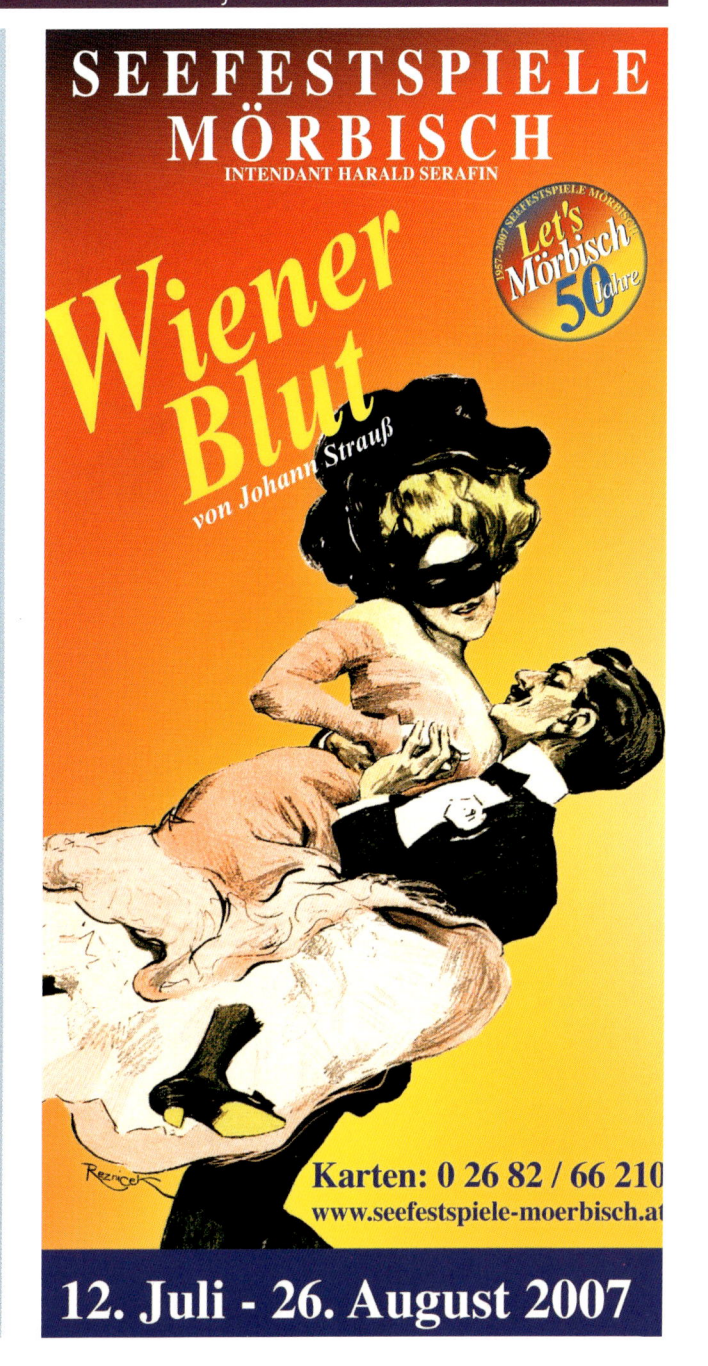

Zeichenerklärung:
ML: Musikalische Leitung
I: Inszenierung
B: Bühnenbild
K: Kostüme
Ch: Choreografie

Investitionen 1993–2007

DIE SEEFESTSPIELE MÖRBISCH HABEN SEIT ÜBERNAHME DER INTENDANZ DURCH HARALD SERAFIN EINE IN JEDER HINSICHT BEMERKENSWERTE ENTWICKLUNG VOLLZOGEN.

Die baulichen Maßnahmen:

In den Jahren 1993 bis 2007 wurde das gesamte Festspielgelände neu aufgebaut.

1. Bau eines unter der Bühne gelegenen Orchestergrabens für insgesamt 80 Personen

2. Neubau der Besuchertribüne, Erweiterung des Fassungsvermögens auf über 4.100 Personen

3. Neubau des Entrees, Bau eines Verwaltungs- und Garderobentraktes, Bau von Buffeträumlichkeiten, Neubau der Bühne, Erweiterung der Besuchertribüne auf 4.535 Sitzplätze

4. Neubau eines Garderoben- und Requisitentraktes sowie eines Werkstättenbereiches

5. Neubau der Tageskassa

6. Erweiterung der Zuschauertribüne auf 6.100 Sitzplätze und Errichtung einer Probenhalle bzw. eines Restaurationsbereiches

7. Neubau von Akustik- und Lichttürmen

8. Kompletterneuerung des Bühnenbodens mit einem eigens für die Seefestspiele entwickelten System

2007: Die neue Gastrozeile soll zu einer Verbesserung der
gastronomischen Verpflegung des Publikums beitragen

Investitionen fanden jedoch nicht nur im baulichen, sondern auch im technischen Bereich statt.

2006 wurde eine neue Zufahrt für Ensemblemitglieder und Lieferanten gebaut.
Außerdem wurde eine „Loge" mit 88 Sitzplätzen im Mittelbereich der Tribüne errichtet.

2007 Ausbau des Gastronomiebereiches am Festspielgelände

Neben der Seebühne in Bregenz ist Mörbisch die einzige Open-Air-Bühne weltweit, wo Besucher richtungsbezogenes Hören unter freiem Himmel erleben können. Ein von Prof. Ing. Wolfgang Fritz, Cheftonmeister der Wiener Staatsoper, entwickeltes Konzept wurde 1993 technisch in die Realität umgesetzt. Seither finden laufend Verbesserungen und Erweiterungen der elektroakustischen Einrichtungen statt, um den Besuchern ein gesteigertes Hörerlebnis vermitteln zu können. 1998 wurde ein weltweit einzigartiges Raumsimulationssystem installiert. 2006 kam es zum Aus- bzw. Umbau der Beschallungsanlage mit dem Ziel eine noch höhere Beschallungsdichte und damit eine noch brillantere Klangqualität zu erreichen. 2007 gibt es weitere Detailverbesserungen im akustischen Bereich.

Bildnachweis

Cover: Lichtstark.com (2x)
Allmann Karl: S. 137, 146
Archiv Seefestspiele Mörbisch: S. 29, 30, 35, 38, 48, 52 (2x), 53 (2x), 54 (3x), 55, 56 (2x), 57 (3x), 58 (3x), 59 (4x), 67 (2x), 68, 69 (3x), 73 (3x), 75, 80, 81, 83 (2x), 84 (3x), 85 (3x), 87 (3x), 88 (9x), 89 (8x), 90/91, 92, 93, 96/97, 98, 99, 106, 107, 108, 109 (2x), 115, 118, 119 (2x), 127, 130/131, 132, 153, 157, 159, 160, 161, 162 (2x), 164, 165, 168, 169, 171, 173, 174, 176 (2x), 177, 178, 180, 184, 185, 186, 189
DOLIWA: S. 147, 148
Fischer Karl Dipl.-Ing.: S. 191 (2x)
Foto Hilscher/Eduard Beranek: S. 151
Foto Tschank GmbH: S. 20, 25, 32, 51, 58, 60, 61 (2x), 111 (2x), 188
Foto Zentrum am Schwarzenbergplatz/K. Reiberger: S. 152, 156
Fotostudio Meindl: S. 100/101, 104/105, 125, 181, 182, 183
Fotostudio Vodicka: S. 170
Holan Eric: S. 49, 51, 54, 55
Karaba Thomas: S. 65, 82, 89
Lichtstark.com: S. 27 (3x), 35, 45, 46, 47, 49, 50, 52 (2x), 55 (2x), 57, 58 (2x), 59, 60, 61 (2x), 66 (2x), 68, 70, 71 (2x), 72, 74, 75, 76, 77, 78, 79 (2x), 81 (2x), 83, 86, 94/95, 98, 102, 103, 107, 110, 111, 112, 113 (2x), 114, 115, 116, 117 (2x), 120, 121, 122, 128 (2x), 129, 187
Macku Paul: S. 143, 144, 150
Photo Simonis: S. 9
Picturedesk.com/FirstLook/Swistelnicki: S. 167
PR-Foto: S. 13, 43, 63
Privatarchiv Alsen: S. 9, 10, 145
Privatarchiv Serafin: S. 14, 16, 18, 19, 21, 23, 24
Ramme Hertha: S. 17
Scheidl F.W.: S. 134
Sommer Sabine: S. 123, 175
Teske Christian: S. 25, 51, 58, 59, 62 (4x), 83, 124, 125 (2x), 126 (2x)
Votava: S. 7, 133, 135, 140, 141, 154, 155
Vukovits Martin: S. 103, 172 (2x)
Wölfle Matthias: S. 179 (2x)

Während der Abfassung des Buches haben Autor und Redaktion nach bestem Wissen und Gewissen versucht, alle Fotorechte nachzuvollziehen und abzugelten. Wo dies nicht gelungen ist, bitten wir um Benachrichtigung.